13歳からの日米安保条約

戦争と同盟の世界史の中で考える

松竹伸幸

かもがわ出版

まえがき

日米安保条約、あるいは日米安全保障条約という言葉は、テレビやＳＮＳなどでもよく出てきます。中学校や高校でも習う言葉です。正式には「日本国とアメリカ合衆国との間の相互《そうご》協力及《およ》び安全保障条約」と呼ばれます。この言葉から分かるように、日本とアメリカが、相互の協力と安全の保障を目的として結んだ条約です。一九六〇年に結ばれました。

あとで詳《くわ》しく述べますが、日米安保条約と呼ばれる条約を、日本とアメリカは二回結んでおり、最初のものは一九五二年（発効）のことになります（タイトルは少し違《ちが》って「日本国とアメリカ合衆国との間の安全保障条約」で、本書では通常「旧安保条約」と呼ぶことにします）。それからすでに七〇年以上が経《た》っていますから、日本に住んでいる人のほとんどは、安保条約があり米軍が存在するという状態で生まれ育ってきたのであって、それを普通《ふつう》のこととして受け入れているでしょう。よくテレビなどで取り上げられるヨーロッパの国にも米軍が存在しており、米軍を受け入れているのは日本だけでないことも、よく知られているようです。

この点では世界史をよく知らなければなりません。この地球上に「国家」が誕生した二千年、三千年も前から人類は戦争を行い、それとともに国家同士が結び合う同盟という行為《こうい》もあらわれました。古くは紀元前、古代ギリシャの都市国家[1]の時代から、

1、紀元前五世紀、ギリシャの都市国家は、ペルシャに対抗するため、アテナイ（アテネ）を盟主として、デロス同盟をつくりました。アテナイが強大化すると、今度はスパルタがペロポネソス同盟をつくり、アテナイに対抗します。その後もギリシャ都市国家は同盟と戦争をくり返すことになります。

そのような国家間関係が見られます。中国においても紀元前の春秋戦国時代に[2]「合《がっ》従《しょう》連衡《れんこう》」という言葉が生まれました。しかし、戦争ではない平常時（平時）に外国の軍隊を常駐《じょうちゅう》させるようなことは、第二次世界大戦が終わって以降に生じた新しい現象です。先ほど日本では七〇年が経過したと言いましたが、世界的に見ても同じです。長い世界の歴史から見ると、現在の状況《じょうきょう》こそ特殊《とくしゅ》だということです。

このこと一つとっても、在日米軍がいるのは当たり前で、未来永劫《みらいえいごう》続くものだと何も疑わないで信じる捉《とら》え方をしていては、目の前の物事を正しく理解したことにはならないことが分かるでしょう。

現行の中学校学習指導要領（二〇一七年告示）を見ると、「社会的事象の意味や意義、特色や相互の関連を現代の社会生活と関連付けて多面的・多角的に考察したり、現代社会に見られる課題について公正に判断したりする力、思考・判断したことを説明したり、それらを基《もと》に議論したりする力を養う」とされています。高校の場合（二〇一八年告示）も、「現代の諸課題について、事実を基に概念《がいねん》などを活用して多面的・多角的に考察したり、解決に向けて公正に判断したりする力や、合意形成や社会参画を視野に入れながら構想したことを議論する力を養う」としています。

本書は、日米安保条約をまさに「事実を基に……多面的、多角的に考察」することを目的としています。多くの人が日米安保条約をめぐる問題を、まさに「公正に判断する」ために役立てていただけることを期待します。

2、紀元前八世紀から約五〇〇年にわたる古代中国の激動期のこと。この時期、のちに中国を統一することになる秦に対抗し、西に位置した六か国が同盟した策を「合従」と言い、それをくずすため秦が六か国それぞれと同盟した策を「連衡」と言った。

もくじ●13歳からの日米安保条約——戦争と同盟の世界史の中で考える

第一章

世界史の中の日米安保条約

本章では、日米安保条約と米軍の駐留《ちゅうりゅう》という問題を、広く世界史の中で見ていきます。それが日米安保条約を理解するのに役立つと思うからです。

先ほど、「まえがき」において、「戦争ではない平常時（平時）に外国の軍隊を常《じょう》駐《ちゅう》させるようなことは、第二次世界大戦が終わって以降に生じた新しい現象」だと書きました。この書き方から理解してもらえると思いますが、そこで指摘《してき》したのは平時のことであって、戦時の場合は事情が違《ちが》います。戦争というのは、外国に軍隊を送って相手を屈服《くっぷく》させることですから、戦時に軍隊が他国に常駐することは、人類が戦争を開始して以来、ずっと存在してきた現象でした。戦争に勝利した国は、軍隊で相手国を占領《せんりょう》し、時代や国に応じて異なりますが、武力を使って領土や金品を奪《うば》ったり、相手国の人を奴隷《どれい》にしたり、やりたい放題のことをしてきたのです。

〝日米安保条約は友好国同士の条約だから、そんな例を持ってきても違和感《いわかん》がある〟と思う人もいるでしょう。けれども、あとで紹介《しょうかい》することになりますが、日本における米軍の駐留は、第二次大戦で日本がアメリカに敗北し、米軍が日本を七年間も軍事占領したことが最初のきっかけですから、まったく関係がない話ではないのです。ですから、この話にも少し付き合ってください。

1、第二次世界大戦前の外国軍隊の駐留の実例

▽普仏戦争に伴うドイツ軍のフランスへの駐留

　近現代になってからも、戦争で勝利した国が敗北した国を占領するという現象は、変わらずに続いてきました。まずヨーロッパの二つの事例を見てみましょう。

　一つは、プロイセン[3]（ドイツ）がフランスを占領した事例です。一八七〇年から七一年にかけて、ナポレオン三世率いるフランス帝国《ていこく》とヴィルヘルム一世率いるプロイセン王国の間で戦争が行われ（普仏《ふふつ》戦争[4]とよばれており、原因や経過は複雑なので省きます）、最終的にプロイセンが勢いを増し、フランス領に侵入《しんにゅう》してナポレオン三世を降伏《こうふく》させ、捕虜《ほりょ》にします。これでフランスの帝政は崩壊《ほうかい》するのですが、フランスの人々は臨時政府をつくってプロイセンに対抗《たいこう》する姿勢を明確にしたので、プロイセン軍はさらに進撃《しんげき》して首都パリを包囲するに至ります（一八七〇年九月中旬《ちゅうじゅん》以降）。

　プロイセンのフランスに対する要求は、自国領土沿いにあるフランス領アルザス＝ロレーヌの割譲《かつじょう》、この地方からのフランス系住民の追放、賠償金《ばいしょうきん》五〇億フランの支払いその他です。この要求にフランスが従わなかったとして、プロイセンはパリ攻撃《こうげき》を開始するとともに、勝利が目前になった一八七一年一月、占拠《せんきょ》していたベルサイユ宮殿《きゅうでん》でドイツ帝国の成立を宣言し、ヴィルヘルム一世は征服した国の宮殿の鏡の間

3、現在のドイツは当時、いくつもの小さな国家で構成されており、プロイセンが最も大きな力を持っていた。

4、カタカナ表記が定着する以前の日本では欧米の固有名詞を漢字で表現することが一般的で、プロイセンは普魯西、フランスは仏蘭西と表記されていた。

でドイツ皇帝に即位《そくい》することになります。

結局フランスは、ドイツの要求を全面的に認め、二月に仮条約を結んでそれらを約束するとともに、五月には正式な講和条約をフランクフルトで結ぶことになります。講和条約ないし平和条約というのは、戦争が終了《しゅうりょう》した段階で、領土や賠償金を決める条約のことで、それによって戦争が正式に終了したとみなされます。そしてそれをもって外国軍隊は撤退《てったい》するのです。フランクフルト講和条約の場合も、七三年九月までにドイツ軍を撤退させることが条約で決められました。

▽フランス政府がドイツ軍の援助で市民を攻撃した理由

ドイツに包囲され、攻撃されたパリでは、ドイツとの講和を結ぼうとする政府への批判が高まります。そして政府が仮条約を結び、ドイツ軍が三月にパリ市内に入って祝勝パレードを行って一時期占拠すると、パリ市民は三月末、成人男子全員を対象にした世界初の普通選挙《ふつうせんきょ》を実施《じっし》し、パリ・コミューン（評議会）と呼ばれた独自の政府を樹立します。

それまで世界に存在していた政府は、帝政[5]であれば世襲《せしゅう》の権力であり、共和制[6]であっても貴族などにしか権力を選ぶ資格がありませんでした。しかし、パリ・コミューンは成人男子全員が選挙権を行使した結果として、パリですでに主流を占《し》めていた労働

5、名称はいろいろだが世襲の権力者が統治する政治制度のこと。
6、権力者を世襲でなく選ぶ政治制度。それを国民が選ぶのが民主共和制で、少数の特権者が選ぶのが貴族的共和制である。

者を代表するような民主共和制の政府となります。コミューンが立法と執行《しっこう》の権力を持ち、資本家が遺棄《いき》した工場の接収と労働者自主管理への移行、家賃の支払《しはら》い猶予《ゆうよ》、パン焼き工の夜業《やぎょう》禁止、世界初の女性への参政権の付与《ふよ》をはじめ、労働者の立場に立った政策を実施していきます。

しかし、四月はじめには政府軍による反撃《はんげき》が開始され、ドイツ軍もパリの東部と北部を封鎖《ふうさ》して政府軍を援助。その結果、パリ・コミューンは七二日間で崩壊《ほうかい》することになります。

自国の国民を武力で鎮圧《ちんあつ》するため、つい先ほどまで戦争をしていた相手のドイツ軍の手を借りるなど、ちょっと常識外れのように思えます。けれども、フランス政府にとっては、革命化したパリの民衆より、帝政ドイツのほうに親近感を感じたということでしょう。

しかもこれは、古い時代の外国のこととして、無視することのできない問題です。日本がアメリカとの間で最初に結んだ旧安保条約では、「（駐留する米軍の援助《えんじょ》は）日本国における大規模の内乱及《およ》び騒擾《そうじょう》を鎮圧《ちんあつ》するため日本国政府の明示の要請に応じて与《あた》えられる」とされていました。日本国民が内乱を起こした場合、日本政府の要請《ようせい》があれば、米軍がその鎮圧のために援助を与えるというのです。パリ・コミューンの鎮圧と似ているでしょう。

これは現行の安保条約では削除《さくじょ》されているとはいえ、「内乱条項《じょうこう》」と呼ばれて

7、国政レベルで女性への参政権が認められた最初のケースは、一八九三年のニュージーランド（被選挙権は一九一九年）。それ以外はすべて二〇世紀に入ってからであった。

一九六〇年までは存在していたのです。なぜそんな条項があったのかは、日米安保条約をはじめそもそも「同盟」というものの成り立ち、性格を考える上で大事な問題なので、のちほど論じましょう。

▽第一次大戦後のフランス軍のドイツ駐留

次に取り上げるのは、先ほどとは逆の事例です。第一次世界大戦後、フランス軍がドイツに駐留した事例です。

第一次大戦がどういう戦争だったかの説明は省きます。戦争の一方の当事者はドイツです（オーストリア＝ハンガリー帝国などと同盟しました）。もう一方の当事者であり、同盟して連合国を名乗ったのはイギリス、フランス、ロシアですが、のちに日本、アメリカも加わります。一九一四年に開始され、一八年まで続きます。

戦争の結果は、ドイツが敗北し、連合国との間でベルサイユ条約（一九一九年）が結ばれ、ドイツはそれまで持っていた領土の一部をベルギー、チェコスロバキア、ポーランドに割譲《かつじょう》します。先ほど紹介した普仏《ふふつ》戦争でドイツ領になったアルザス＝ロレーヌはフランスに返還《へんかん》されます。ドイツが巨額《きょがく》の賠償《ばいしょう》金を支払うことを求められたのは、多くの方がご存じでしょう。

外国（フランスを中心とする連合国）軍隊が駐留したのは、ラインラントという地域です。ドイツの西部にライン川が流れており、両岸がラインラントと呼ばれていますが、その西側（フランスとベルギーがドイツと国境を接する地域）になります。一五年間の占領が定められました（撤退は一九三〇年）。東岸についてもドイツは非武装地帯にすることを約束させられます。

この場合の外国軍隊駐留は、よく保障占領と名づけられます。条約でドイツに約束させたことの実施を「保障」させるための占領だからです。もしドイツが約束を守らなければ、軍隊の力で実施させるぞということです。

実際、戦後のドイツ経済が疲弊《ひへい》し、条約で定められた賠償金が支払えないという事態が生まれました。そうするとフランスは、ラインラント西岸に駐留させていた軍隊を東岸の工業地帯（ルール地方）に進入させ、強制的に賠償を取り立てようとしました。

この事例も、安保条約や外国軍の駐留を考える上で、大事な問題を含《ふく》んでいます。二つだけ指摘しておきます。いずれも、友好国を増やし敵対国と対峙《たいじ》することに関係するものであり、現在にも通じる問題です。

▽友好国を増やし敵対国と対峙する

一つは、ドイツにその後、ヒトラー政権が誕生した問題の教訓です。敗戦国に巨額《きょがく》な賠償を負わせ、軍隊の力で取り上げようとすることは、経済を疲弊させてダメージを与え、国民の怒《いか》りを増幅《ぞうふく》させることで、かえって敵をつくりだしてしまうという教訓を残しました。

第二次大戦後に日本が連合国と結んだサンフランシスコ講和条約は、よく「寛大《かんだい》な講和」と呼ばれます。それは、条約が日本の賠償義務を規定しつつ、「日本国の資源」は賠償を「履行するためには現在充分《じゅうぶん》ではない」として、条約に定めのある以外は「連合国の請求《せいきゅう》権を放棄する」と定めたからでした。実際に日本は、第二次大戦まで何十年もの間、アメリカと敵対関係にあり、四年間もの大規模な戦争をしたにもかかわらず、ただちにアメリカの最大の友好国となるのです。

二つ目。この時点ではまだ大規模には表面化しませんが、資本主義陣営《じんえい》と社会主義陣営の対立という、第二次大戦後につながる問題が生まれました。

ロシアは大戦の最初から連合国の一員でしたが、戦争に疲弊した国民の不満が高まる中で、その気持ちを正確に捉《とら》えたレーニン[8]率いる共産党（党の名称《めいしょう》はいろいろ変遷《へんせん》します）が、労働者や兵士のソビエト[9]（評議会）を中心に権力を握《にぎ》って一九一七年一一月に革命を成功させ、ドイツとの間で講和条約を結んで連合国から離脱《りだつ》します。ドイツでも一八年一一月頃《ごろ》から労働者や兵士がレーテ（評議会）をつくり、各地で議会に対抗《たいこう》して権力を掌握《しょうあく》します。しかしドイツの場合、ロシアのような道を進もうとする勢力は政府から弾圧《だんあつ》される一方、ロシアで実施された八時間労働制を政府主導で導入したり、当時の世界でもっとも民主的と評されたワイマール憲法を制定したりす

8、世界ではじめて社会主義国家ソ連をつくった政治指導者（一八七〇～一九二四）。政治、経済から哲学まで多彩な著作を残している。

9、三〇年前に崩壊した「ソ連」の正式名称は、「ソビエト社会主義連邦共和国」。そこにあるソビエトという言葉は、職場、職場、軍隊などで選挙された代議員で構成された評議会＝代表者会議を意味していた。

ることによって、労働者の不満を沈静化《ちんせい》することに成功します。

なお、ベルサイユ条約は、ドイツの賠償を定めただけでなく、戦後の世界の安全保障のために国際連盟をつくることも決めました（国際労働機関＝ＩＬＯなども創設が決定され、第一号として八時間労働条約を採択《さいたく》）。しかし、革命政権を樹立したロシアは、当初、国際連盟に参加することを許されませんでした。

▽友好国同士の軍隊駐留も戦時に限定して存在

政治学や法律学では、国家とは何かということの答えとして、三要素を満たすものだとする考え方があります。三要素とは、領域（領土、領海、領空）を支配していること、人民（国民、住民）が恒久的《こうきゅうてき》に属していること、そこでは外国との関係でも国民との関係でも排他的《はいたてき》な（誰《だれ》にもじゃまされない）権力を行使していることです。

外国の軍隊を受け入れることは、その軍隊に対して受け入れた国が主権を行使するのか、あるいは軍隊派遣《はけん》国が主権を行使するのかという問題を生み出すので、国家の三要素と両立することが困難です。従って、これまで紹介してきたように、通常、外国軍隊の駐留というのは、世界史においては敗戦国がやむなく受け入れる場合に限られるものでした。

では、ある国が友好国の軍隊を受け入れることは皆無《かいむ》だったのかというと、そうではありません。戦争が発生した場合、ともに手を携《たずさ》えて戦っている国同士が、相手の軍隊を一時的に受け入れることはありました。これが同盟です。

「世界史」を学校で習った方は、「神聖同盟」[10]とか「三国同盟」[11]などの言葉を聞いたことがあるでしょう。ある国や国家群と戦争することを想定し、平時において友好国が「同盟」を結ぶのです。「まえがき」で書いたように、古くは紀元前から洋の東西を問わず存在したものです。

このような場合も平時に友好国の軍隊を受け入れることはありません。しかし、戦時においては軍事作戦の都合があるので、そうも言っていられない場合があります。その際は、敵の軍隊に勝つことを優先させ、同盟国の軍隊が自国内で作戦を展開することは認めるのが普通でした。

では、その場合、軍隊派遣国の主権はどうなっていたのでしょうか。第一次大戦中、ドイツと戦っていたイギリス、フランス、ベルギーが結んだ協定を見ると、軍隊を受け入れた国は「作戦中の軍隊（army of operation）」には裁判権を行使しないと書かれています。つまり、外国軍隊の特権が認められたのですが、それは戦争の中で作戦に従事中だからであり、戦争に勝つためにあくまで例外的に認めるという位置づけでした。

世界規模の大戦争になった第二次大戦でも、外国軍隊の受け入れが頻繁《ひんぱん》に行われ、受入国は裁判権を放棄《ほうき》しました。しかしどの国も、それが戦争中の一時的例外的なものので、平時にはそんなことはあり得ないと明確にしていました。

10、ロシア皇帝の提唱で一八一五年、オーストリア、プロイセンが参加して結ばれ、その後、イギリスなどを除き全ヨーロッパの君主が加わった。実際には各国の革命運動の弾圧に使われた。

11、一八八二年にドイツ、オーストリア、イタリアで結ばれた。イギリス、フランス、ロシアの三国協商と対抗し、第一次大戦を引き起こす一因となった。

英国は一九四二年七月二七日付の、米国との交換《こうかん》公文[12]の中で、米軍にその構成員についての排他的裁判権を付与《ふよ》することを約束したが、この合意が一時的例外的なもので戦争状態によって作り出され、両国間の友好の感情によって容認《ようにん》されるものであるとし、又《また》、エジプトも、免除《めんじょ》の承認《しょうにん》が戦争に起因する特殊《とくしゅ》な状況《じょうきょう》によって成されるもので、すべての点で、平常法（ノーマル・ロー）への復帰を可能ならしめる、戦争の終結を以《もっ》て、終わることを明らかにしている。（月川倉夫《くらお》「外国軍隊の刑事《けいじ》裁判権」『産大法学』創刊号、一九六七年）

これらはたしかに一時的例外的ではありました。しかし、ある国が同盟国の軍隊を受け入れる点でも、その場合、派遣《はけん》国の特権を認める点でも、戦後の日米安保条約やNATO条約[13]につながるものでもあったと言えるでしょう。

▽友好国同士の一時的な軍隊駐留もあった

これまで見てきた事例は、占領《せんりょう》の場合であれ同盟国の戦争遂行《すいこう》のためであれ、どれもが戦争と関係するものでした。では、外国の軍隊駐留は、すべてが戦時に限られる現象だったのでしょうか。平時に友好国の軍隊を受け入れる事例は皆無《かいむ》だったので

12、国家間に交わされる約束で、広い意味では条約に当たるが、技術的、補完的なことから批准を要しないとされる。しかし国民の権利に関わるものまで交換公文とされる場合もあり、問題となる。

13、一九四九年に成立した北大西洋条約機構（North Atlantic Treaty Organization）の略称。アメリカと西欧諸国によって出発したが、冷戦崩壊後、旧東欧諸国の一部も参加。

しょうか。

よく調べてみると、ごく特殊《とくしゅ》なものとはいえ、平時においても駐留を認める例外がありました。それはイギリス連邦《れんぽう》諸国間の軍隊駐留です。

イギリス連邦（British Commonwealth of Nations）というのは、一九四九年まで存在していた呼び名で、現在はイギリス（British）という言葉は削除《さくじょ》されています。よく知られているように、イギリスはかつて「大英帝国《だいえいていこく》」と呼ばれ、広大な植民地[14]を世界中に持っていましたが、そのうちのカナダ、オーストラリア、ニュージーランド、南アフリカなどが力を強めて独立をすすめ、第二次世界大戦の前にはそれぞれが主権を持つ対等な独立国家の自由な連合体として、イギリス連邦が生まれました（第二次大戦後、植民地が独立するにつれ、加盟国が増えていった）。

イギリス連邦が誕生する以前、これらの植民地にはイギリス軍が駐留し、そこでは当然のことですがイギリスの法律が適用されていました。しかし、各国が主権を持つようになると、それでは通用しません。そこで、連邦諸国は「訪問軍協定（Visiting Forces Agreement）」という条約を結び、自国内に駐留する他の連邦諸国の軍隊を規律するようになります。この協定の裁判権規定を見ると、駐留する軍隊が裁ける罪は「懲戒《ちょうかい》と内部行政（discipline and internal administration）」に限るとされています。これは、「抗命《こうめい》罪（命令に従わない罪）」など軍隊に特有の罪（受入国には他国軍人によるそれらの行為《こうい》を犯罪とする法律もないでしょう）や軍紀違反《いはん》は軍隊が裁くということであり、

14、もともとは古代、ローマ人が征服地に移住してつくったりした町のことだった。現代的な意味では、一六世紀以降、ヨーロッパ諸国がアフリカ、アジア、太平洋、南米を征服して異民族を支配した地域の総称である。現代の国際法では植民地を保有することは違法だとみなされている。

逆に、通常の犯罪に対する刑事《けいじ》裁判権は受入国が行使するというものです。つまり、平時に外国軍隊が駐留する場合、戦時とは異なって軍隊の特権は認めないということだったのです。

外交特権という言葉があります。外交官などに与《あた》えられる特権のことで、生命・身体・通信などの自由を侵《おか》されない不可侵権《ふかしんけん》と、受入国の裁判権・警察権・課税権から免《まぬか》れる治外法権の二つで構成されます。外交官にこのような特権が与えられるのは、それが主権国家を代表して活動しているからであり、任務を遂行するために不可欠だからです。

しかし、そうした特権が認められるのは、第二次大戦前はあくまで外交官などに限られていました。戦時に同盟国軍隊が作戦のために駐留する場合を除き、軍隊にはそのような特権は認められていませんでした。そもそも平時に外国軍隊の駐留を認めること自体、常識的ではないことでした。第二次大戦後、そこに大きな変化が生まれます。

2、国連の結成と「冷戦」の開始

NATOや日米安保にもとづく米軍駐留《ちゅうりゅう》の問題に入る前に、それに大きな影響《えいきょう》を与えた国際連合の結成と国連憲章について論じておきましょう。これを抜《ぬ》きにして戦後の外国軍隊駐留の問題は語れません。

▽国連の発足と国連憲章

二〇世紀に入り、第一次大戦そして第二次大戦と、短期間で連続的に世界規模の戦争が起こりました。第一次大戦の反省から一九二〇年に国際連盟が生まれ（「規約」という名称《めいしょう》の約束事を決めました）、二八年には「戦争の放棄《ほうき》に関する条約」[15]（不戦条約とも呼ばれます）が締結《ていけつ》されました。国際連盟規約と不戦条約は、侵略《しんりゃく》が起きた場合に各国が自衛の戦争をすることは認めるけれども、可能な限り国際連盟が経済制裁[16]その他の手段で侵略を抑《おさ》えていくことが目標とされていました。

しかし、そういう措置《そち》をとろうとしても、国際連盟には唯一《ゆいいつ》の超大国《ちょうたいこく》となったアメリカが最後まで参加しなかったり、国際連盟が平和を脅《おびや》かす行動に何らかの措置をとろうとすると、日本、ドイツ、イタリアなど不満を持つ国が脱退《だったい》したりして、有効な機能を発揮することができませんでした。そして、日独伊《にちどくい》が三国同盟を結んで大規模な侵略を行い、結局、第二次大戦では合計で五〇〇〇万人もの犠牲者《ぎせいしゃ》が生まれること

15、提唱したアメリカ国務長官とフランス外相の名前をとってケロッグ＝ブリアン条約とも言う。国家の政策の手段として戦争に訴えることを禁止した。自衛戦争は禁止対象から除外することも了解事項された。

16、軍事制裁以外の広範な措置であり、貿易などの停止だけでなく、武器の禁輸なども含まれる。

になったのです。

第二次大戦は、日独伊が外に対しては侵略を、内に対しては人権侵害《しんがい》で臨《のぞ》んだのに対し、アメリカ、イギリス、ソ連、中国などの連合国が協力し合って対抗《たいこう》した戦争でした。これら連合国は、戦後に平和を確保するために結成する国際機構は、国際連盟のように力の弱い組織ではなく、侵略を抑えるだけの力を持つものにしようとします。

一九四四年秋、先ほどの四か国は国連憲章の草案で合意に至ります。その草案では、侵略が起きた場合、まず平和的な話し合いで解決するよう努力するが、それでも侵略国が態度を変えない場合、国連安保理がその国への経済制裁を発動し、にもかかわらず侵略が継続《けいぞく》される時には、軍事制裁によって排除《はいじょ》することが書かれていました（草案の文章に明記していないものの各国による自衛権の発動があり得ることは了解《りょうかい》されていました）。軍事制裁のために「国連軍[17]」をつくることも明記されました。

こうして、草案の段階では、本書の主題となっている「同盟」をつくるような条項《じょうこう》は存在していなかったのです。日独伊三国同盟が戦争を引き起こしたと考えられたため、友好国同士が集まって軍事同盟をつくって他国に対抗することなどは、国連の理念に合致《がっち》しないと考えられ、まったく想定されていませんでした。

この草案が可決されるような状況《じょうきょう》であれば、侵略が発生すると国連軍が組織されてどこかに駐留することになるわけですが、国連とは無縁《むえん》に特定の国が軍事同盟をつくり、軍隊を他国に常駐《じょうちゅう》させるようなことはかったでしょう。しかし、幸か不幸か、国

17、国連憲章第七章は、軍事制裁を行う場合、その都度、加盟国が陸海空の軍隊を提供して運用することを想定している。そのために安保理と各国が特別協定を結び、あらかじめ提供する兵力の種類や数を取り決めておくことになっている。国連軍を指揮するための軍事参謀委員会の設置も決めている。国連軍はこれまで設置されていないが、軍事参謀委員会は存在する。

連憲章の草案には大きな修正が加えられます。

▽社会主義の広がりとNATOの成立

第二次大戦中、資本主義国であるアメリカやイギリスと社会主義国であるソ連は、イデオロギーや政治体制の違《ちが》いにもかかわらず、日独伊《にちどくい》を倒《たお》すという共通の目的のために結束しました。その結束は最後まで続きました。ドイツを倒す上で、ソ連の貢献《こうけん》は大事なものでした。

しかし、ソ連の最高指導者だったスターリン[18]は、自国内では多くの人々を弾圧《だんあつ》し、虐殺《ぎゃくさつ》していました。そのため、大量の難民が発生して西ヨーロッパに逃《のが》れてきましたから、ソ連国内で何が起きているかが伝わってきました。また戦争の末期になり、ソ連領内に深く侵略してきていたドイツ軍をソ連軍が敗退させて追い返す途上《とじょう》で、ソ連はドイツが占領《せんりょう》していた東ヨーロッパの国々を占領していきました。

戦争が終わろうとする段階で、世界の人々の心配は二つありました。一つは、専制主義のドイツが復活し、再び脅威《きょうい》にならないかということであり、もう一つは、東欧《とうおう》部分を支配したソ連が西欧その他にも手を伸《の》ばしてこないかということでした。

この不安が国連憲章の修正を生み出します。まず四五年二月、米英ソの代表がクリミア半島のヤルタ（当時のソ連領）に集まり、国連安保理の常任理事国[19]に選出される

18、レーニンのあとにソ連の最高政治指導者になった（一八七八～一九五三）。死亡直前のレーニンはスターリンを指導者につけないよう遺言を残した。

19、国連憲章では安全保障理事会（安保理）が平和と安全のための主要な責任を持っており、加盟国に行動を強制できる権限がある。一五か国で構成され一〇か国は選挙で選ばれるが常任理事国五か国は常設。

国（米英ソとともに最終的に中国とフランスを加えた五大国）に拒否《きょひ》権[20]が与えられるよう、憲章の草案を修正することを決めます。国連安保理が気にくわないことを決めようとするなら、それを覆《くつがえ》す権利を五大国だけは保有しようということです。お互《たが》いがお互いに疑心暗鬼《ぎしんあんき》になっていたのが原因です。

しかし、こうして常任理事国が一か国でも反対すると安保理は何も決められないということになると（拒否権とはそういうことです）、侵略が発生しても国連は軍事制裁も経済制裁もできずに機能不全に陥《おちい》り、侵略を許すことになりかねません。そこで、経過は省きますが、憲章の草案にさらに重大な変更《へんこう》が加えられます。それが現行憲章の第五一条であり、本書でこれから何回も登場しますが、個別的自衛権及び集団的自衛権を規定した条項《じょうこう》です。

この内、自国に対する侵略を排除《はいじょ》する個別的自衛権は、それまでどの国も保有していると考えられてきました。五一条の新しい特徴《とくちょう》は、どこかの国が侵略された際、国連ではなく他《ほか》の国同士が集団で助ける仕組みとして集団的自衛権という新しい概念《がいねん》を導入したことです。この仕組みが国連憲章に取り入れられたことにより、侵略には世界全体で立ち向かうという国連憲章草案の理念は、かなり薄《うす》まることになります。また、五一条で規定された集団的自衛権は、戦前に存在した「同盟」と似たような仕組みであり、戦後になっても軍事同盟をつくる根拠《こんきょ》となっていくのです。

20、国連憲章第二七条は、「安全保障理事会の決定は、常任理事国の同意投票を含む九理事国の賛成投票によって行われる」としている。「拒否権」という言葉は使われていないが、常任理事国すべての「同意投票」がなければ、いくら安全保障理事会一五か国の多数が賛成しても、決定にならない仕組みになっている。

▽国益に基づく同盟から価値観に基づく同盟へ

現在の日米安保やＮＡＴＯを当然のこととして捉《とら》えてしまうと、国の指導者が「自由と民主主義の価値観を同じくする同盟」という言葉をよく使うので、同盟というのは、政治体制や価値観が似ている国が結束し合うことだと思いがちです。しかし、第二次大戦前に幅《はば》を利《き》かせていた軍事同盟は、価値観などとは無縁《むえん》のものでした。

例えば、露仏《ろぶつ》同盟という言葉を聞いたことがあるかもしれません。一八九一年から開始されたロシアとフランスの軍事同盟で、主にドイツと対抗《たいこう》することを想定して結ばれました。では、ロシアとフランスは政治体制や価値観が似ていたかというと、そんなことはありません。政治体制一つとってみても、ロシアは帝政《ていせい》でフランスは共和制と、まったく異なるものでした。逆にドイツは帝政でしたから、政治体制で結束するなら、むしろロシアとドイツが組んだほうが自然でした。けれども、そうはなりませんでした。

なぜかと言えば、当時の同盟を律《りっ》するのは、あくまで「国益」だったからです。国益のためならば、政治体制の違《ちが》いなど気にしないで合従連衡《がっしょうれんこう》するというのが、同盟を貫《つらぬ》くもともとの原理です。「イギリスは永遠の友人も持たないし、永遠の敵も持たない。イギリスが持つのは永遠の国益である」――軍事同盟の本質をあらわす言葉として残されている言葉で、一九世紀のイギリス首相《しゅしょう》パーマストン[21]が語ったものです。

21、陸軍大臣を長く務めたあと、一八三〇年から五一年の間に外務大臣を三度務め、五五年に首相となった。中国にアヘン戦争を仕掛けて不平等条約を締結し、インドではセポイの乱を呼ばれた大反乱を鎮圧するなど、イギリスの国益擁護を前面に打ち出す政治家だった（一七八四〜一八六五）。

第二次大戦でアメリカとソ連が手を組んだのも、イデオロギーではなくドイツや日本を倒《たお》すという国益が優先された結果でした。

第二次大戦後のいわゆる冷戦下の同盟は、そこが決定的に変わりました。国益ではなく政治体制、イデオロギーを基準に「敵」と「友」が分かれたのです。一方では、自由主義を掲《かか》げる資本主義の国々がアメリカを盟主《めいしゅ》として同盟をつくり、他方では社会主義の国々はソ連を盟主として同盟をつくり、両者が全面的に対決することになります。

そのことが、別の要因ともあわさって、同じ同盟をつくるにしても、外国軍隊が常《じょう》駐《ちゅう》するという、戦前にはない現象を生み出します。その経緯《けいい》を、簡単に追って見ることにしましょう。

▽NATOとワルシャワ条約機構の結成

一方の東ヨーロッパでは、第二次大戦の最終盤《ばん》にドイツを追いだしたソ連軍が、戦後もそのまま駐留を続けます。そして、ドイツを追いだした功績を笠《かさ》に着るかたちで、東ヨーロッパに無理矢理ソ連寄りの国をつくっていきます（やり方はさまざまであり、自力でドイツからの解放を実現し、ソ連とは距離をおいて国づくりに励《はげ》んだユーゴスラビアのような例もあります）。

他方、西ヨーロッパはどうだったか。ドイツでは（ソ連が分担した東ドイツ地域にあったベルリンも含《ふく》め）、アメリカ、イギリス、フランス、ソ連の四か国の軍隊が地域を分担して占領《せんりょう》を続けます。ドイツの占領政策は四か国の軍長官からなる「管理理事会」が全会一致《いっち》で決める方式です。なお、イギリスやフランスなど他《ほか》の西ヨーロッパ諸国は、連合国としてドイツをともに打倒《だとう》した戦勝国であり主権国家ですから、アメリカ軍が駐留することはありませんでした。

しばらくの間、四か国は協力してドイツを統治しますが、その間にも西側と東側の対立はどんどん深まっていきます。一九四六年三月、イギリスのチャーチル[22]首相は、ソ連が東ヨーロッパを鉄のカーテンで覆《おお》っているとして、武力で対抗《たいこう》することの必要性を強調する有名な演説を行います。これが冷戦の始まりだと言われています。翌四七年、アメリカのトルーマン[23]大統領は四七年三月、いわゆるトルーマン・ドクトリンを発表することにより、あとで述べるギリシャ内戦に介入《かいにゅう》することを決めるなど、西ヨーロッパ地域で国内の共産主義勢力と戦う政府を支援《しえん》することを宣言します。

さらに四八年三月、戦勝国であるイギリス、フランス、ベルギー、オランダ、ルクセンブルクが国連憲章の「集団的自衛権」を利用し、ブリュッセル条約機構（正式名《めい》称《しょう》は「経済的、社会的及《およ》び文化的協力並びに集団的自衛のための条約」）という軍事同盟をつくります。これは、「ドイツによる侵略《しんりゃく》政策が甦《よみがえ》った時」（前文）に必要な措置《そち》をとるというもので、冷戦は開始されていましたが、あからさまにソ連を仮想敵とす

22、イギリスの政治家（一八七四〜一九六五）。第一次大戦前から大臣を経験したが、第二次大戦開戦とともに海軍大臣、直後に首相になり、連合国を勝利に導いた。

23、アメリカの政治家（一八八四〜一九七二）。第二次大戦開始時は副大統領だったが、四五年四月、ルーズベルト大統領の死去に伴い大統領に。日本に対するポツダム宣言にも署名した。

ることはしていませんでした。

しかし、同じ三月、ソ連がドイツの「管理理事会」から代表を引き上げ、協力体制が崩壊《ほうかい》します。また六月には、ソ連が西ベルリンに至る道路と鉄路を封鎖《ふうさ》し、西側諸国は「ベルリン大空輸」作戦で対抗し、対立は決定的になっていきます。

この過程で、西側諸国はブリュッセル条約機構にアメリカを引き入れることを決断し、四九年四月にはＮＡＴＯ（北大西洋条約機構）が誕生するのです。これに対抗して東側諸国も一九五五年、ワルシャワ条約機構（「友好協力相互援助《そうごえんじょ》条約機構」）を結成するに至ります。こうして資本主義・自由主義を信奉《しんぽう》する陣営《じんえい》と社会主義を信奉する陣営が、盟主《めいしゅ》であるアメリカ、ソ連の軍隊を駐留させて対峙し合う時代が到来《とうらい》するのでした。

3、イデオロギーと価値観の対立

▽資本主義とは何か、社会主義とは何か

すでに紹介《しょうかい》したように、戦争をくり返してきた人類の何千年もの歴史の中で、同盟や合従連衡《がっしょうれんこう》はくり返されましたが、それは国益を基準としたものでした。イデオロギーや価値観を基準にした同盟は存在しませんでした。ロシアで革命が遂行《すいこう》され、ソ連という社会主義国ができたあと、資本主義の国々はソ連への敵意を隠《かく》さず、まともな外交関係を樹立することにも躊躇《ちゅうちょ》しました。それでも、一九三三年にはソ連も国際連盟に迎《むか》え入れられるなど（三九年にフィンランド侵攻《しんこう》を理由に追放）、最初から戦争を想定する敵対関係にはありませんでした。それどころか第二次大戦では連合国としてともに戦う仲間だったのです。

それがなぜ、戦争が終わり、平時に復帰したにもかかわらず、「冷戦[24]」と呼ばれるような特異な時代《とうらい》が到来したのか。平時における外国軍隊の駐留《ちゅうりゅう》という、歴史的に特異な現象が生みだされたのか。その答えは簡単ではありません。

この答えを紐解《ひもと》くため、資本主義と社会主義という問題を、少しだけ理解しておく必要があります。まず資本主義について、「デジタル大辞泉」（小学館）は次のように解説しています。

24、第二次大戦後のアメリカを先頭とする資本主義陣営と、ソ連を盟主とする社会主義陣営の争いを指す言葉。実際の戦争とは異なり戦火を交えないが、その対立の鋭さは戦争に匹敵することから、この言葉が使われるようになった。

封建《ほうけん》制度に次いで現れ、産業革命によって確立された経済体制。生産手段を資本として私有する資本家が、自己の労働力以外に売るものを持たない労働者から労働力を商品として買い、それを上回る価値を持つ商品を生産して利潤を得る経済構造。生産活動は利潤《りじゅん》追求を原動力とする市場メカニズムによって運営される。キャピタリズム。

日本でも封建制と言われた江戸時代《えどじだい》に続く明治時代に資本主義があらわれました。今年のNHK大河ドラマの主人公・渋沢《しぶさわ》栄一は日本資本主義の父と言われます。先の引用文で明白《めいはく》なように、資本主義とは、生産手段（工場など）を資本家が所有する体制のことで、労働者は自分の労働力を売って生活するしかないということです。

これに対して、その生産手段を労働者が所有することにより、平等な社会をつくろうというのが、一九世紀にカール・マルクス[25]が提唱した社会主義の思想です。そこまで難しく定義せずとも、格差を嫌《きら》って人間の平等を実現しようという意味あいにおいて、社会主義的な思想は古くから存在してきました。

それが単なる思想にとどまらず、政治体制として萌芽的にあらわれたのが、すでに紹介したパリ・コミューンでした。共和制のフランス政府と帝政《ていせい》のドイツ政府が結託《けったく》してパリ・コミューンに立ち向かって弾圧《だんあつ》したのは、政治体制が異なっても資本主義

25、ドイツ生まれの思想家で革命家（一八一八～一八八三）。資本主義の経済法則を分析した『資本論』が代表的な著作。ドイツの革命運動に献身するとともに、国際労働者協会の幹部として、世界の革命運動に助言も行った。

が脅《おびや》かされる点では両国政府が共通の危機感を抱《いだ》いたからでしょう。その社会主義が国家レベルで最初にあらわれたのが、第一次大戦中に行われたロシア革命を通じて誕生したソ連だったのです。

▽ソ連のやり方を資本主義国もまねをしていた

ソ連の誕生には資本主義国で経済、政治を担《にな》っていた人々は戸惑《とまど》いました。革命後のまだ戦争中だった最初の一時期、ソ連では資本家が所有する工場や富農が持っている農地などが無理矢理接収されたため、亡命する人も少なくありませんでした。それを見ていた資本主義国の政治指導者や財界の幹部は、同じようなことが自分の国で起きてはたまらないと感じます（ただし、ソ連でもそういうやり方では工場の生産がうまくいかなかったので、数年も経《た》たずに資本家を呼《よ》び戻《もど》す政策がとられることになります）。

一方、ソ連のやり方は、各国の労働者の間では魅力《みりょく》に映り、社会主義をめざす運動が広がります。ソ連がドイツと講和を結んで戦争から離脱《りだつ》すると、戦争で疲弊《ひへい》していた西ヨーロッパの労働者も、ソ連のように戦争を早く終わらせろと自国政府に求めるようになります。ソ連が八時間労働制に踏《ふ》み切ると、自国でも同じ制度をつくれと要求し、要求を拒否《きょひ》するなら政権を倒《たお》して社会主義の政府をつくるぞと運動を開始します。すでに紹介しましたが、ドイツなど各国の政府や資本家があわてて八時間労働制に踏み切ったり、第一次大戦を終わらせるベルサイユ平和条約によって、「国際労働機関」（ＩＬＯ）を創設して労働者の代表にも条約の審議《しんぎ》や採択《さいたく》に参加する権利[26]を与《あた》えたりしたのは、こういう情勢の産物です。ＩＬＯの第四代事務局長であったエドワード・Ｊ・フィーランが、その間の事情を次のように適切に描写《びょうしゃ》しています。

　ロシアのボルシェヴィキ[27]革命に引続いて、ハンガリーではベラ・クン[28]の支配が起《おこ》った。イギリスでは職工代表運動が多数の有力な労働組合の団結に穴をあけその合法的な幹部達《たち》の権威《けんい》を覆《くつが》えした。フランスとイタリーの労働組合運動は益々過激に走る兆候《ちょうこう》を示した。……

　平和条約の中で労働問題に顕著《けんちょ》な地位を与えようという決定は、本質的にいえば、この緊急《きんきゅう》情勢の反映であった。平和会議は、条約前文の抽象《ちゅうしょう》論や、提議された機構の細目等については余り懸念《けねん》することなしに労働委員会の提案を受諾《じゅだく》したのである。こういう事情でなかったならば、おそらくは、機構の細目における比《ひ》較的大胆《かくてきだいたん》な革新――例えば、国際労働会議において非政府代表者にも政府代表者と同等の投票権や資格を与えるという条項の如《ごと》き――は、受諾し難《がた》いものと考えられたであろう。（「ＩＬＯの平和への貢献」（『ＩＬＯ時報』一九五〇年一月号　原典は INTERNATIONAL LABOUR REVIEW,Jun.1949）

26、ＩＬＯ条約を採択する総会には各国から政府二名、使用者一名、労働者一名が参加し、投票できる。

27、ロシア語で多数派の意味。ロシア革命を遂行した共産党ではレーニンらが多数を占めていた。

28、ハンガリーで共産主義革命を起こし政府首班となったが、国内で反乱が起き、翌年に政権崩壊。ロシアに亡命し、そこで処刑（一八八六～一九三九）。

資本主義国の政府や資本家にとって、社会主義というのは自分を否定する受け入れられない存在なのですが、かといってソ連を敵に回して全面拒否《きょひ》してしまえば、自国で社会主義をめざす革命運動が起きるかもしれません。そこで、自国で革命運動が爆発《ばくはつ》しない範囲《はんい》で、ソ連とは適切なつきあい方をしようとしていたのが、第二次大戦までの状況《じょうきょう》だったのです。

∇マルクスと対極にあるスターリンの暴虐

しかし、事態が大きく動きます。すでに紹介したように、第二次大戦ではソ連がドイツを追い返す過程で東欧《とうおう》にまで支配の網《あみ》の目を広げてきたのです。ソ連の側からみれば、何よりも重要なのは東欧を安定的に支配することで、西ヨーロッパまで支配する意図はなかったと現在では言われています（実際に西欧《せいおう》に攻《せ》め入ることもありませんでした）。なぜなら、ソ連にとってみれば、再びドイツのような国があらわれても、東欧諸国をカベにすれば自国だけは守ることができるので、安心を確保できていたからです。

体験したものでないと分からないことですが、ドイツの侵略がソ連の人々に植え付けた恐怖感《きょうふかん》は半端《はんぱ》なものではありませんでした。ドイツとの戦争で亡《な》くなったソ連兵は一四七〇万人にものぼります。第二次大戦での日本兵の死者が三一〇万人であったことと比べても、その多さが理解できるでしょう。一国の兵士の死者数として歴史上最多です。民間人も含《ふく》めると二〇〇〇万人から三〇〇〇万人が犠牲《ぎせい》になったそうです（もっとも相手となったドイツの死者も兵士が三九〇万人、民間人も含めた合計が六〇〇万人から一〇〇〇万人と負けておらず、両国の戦争は「絶滅《ぜつめつ》戦争」だとも言われています）。東欧諸国を支配したいとスターリンが考えた背景がここにあります。

　けれども、西ヨーロッパの諸国は、「今度はスターリンが西側にも手を伸ばしてくるかもしれない」と考えました。しかも、ソ連で全権力を握《にぎ》ったスターリンは、国内で反対戦力を大量に弾圧《だんあつ》し、牢獄《ろうごく》に送り、虐殺《ぎゃくさつ》する政策をとっていました。東欧で支配を広げる過程でも、同じようなことがやられます。現在も活躍《かつやく》する国連難民高等弁務官事務所[29]が一九五〇年に結成されたのは、戦時中から戦後にかけて、ソ連や東欧から大量の難民が西欧に流れ出たことをきっかけにしています。

　少し時代が戻《もど》りますが、社会主義のあり方をいろいろと考えたマルクスは、パリ・コミューンのことを社会主義にふさわしい政府の形態だと高く評価しています。そのコミューンの執行《しっこう》部内にはマルクスの支持者はわずかしかおらず、ほとんどは思想・信条の異なる人々でしたから、マルクスは、社会主義とは自分を支持する政党だけが許される政治制度などだとは、少しも考えていませんでした。ところがスターリンはそれとは対極にあるような人物でした。そういうスターリン率いるソ連が目の前にあり、東欧は武力で支配したという現実が目の前にあるわけですから、西ヨーロッパ諸

29、一九五〇年に設立され、当初は三年ごと、その後は五年ごとに存続することが更新されてきたが、難民が絶えないことから二〇〇三年、「難民問題が解決するまで」存続することとなった。日本人初の国連難民高等弁務官として緒方貞子氏が有名である。

国が自分たちも危険にさらされていると考えたのには仕方がない面があるでしょう。こうしてブリュッセル条約機構が誕生し、NATOへとつながっていくのです。

▽ギリシャ内戦が引き金になって

西側指導者にそう思わせる引き金になったのが、戦後すぐからギリシャで広がった内戦でした。

ギリシャは第二次大戦中ドイツなどの侵略を受け、国王はエジプトに逃《のが》れて亡命政府を樹立しましたが、国内ではドイツがつくった傀儡《かいらい》[30]政府と右派の武装組織に対して、共産党主導の民族解放戦線が力を強めます。民族解放戦線は、終戦直前には国土の大半を支配するに至り、ソ連軍が東欧を進撃《しんげき》して近づいて来るにつれドイツ軍が撤退《てったい》を開始したこともあって、共産党が政権をとる好機を迎《むか》えます。しかし、ソ連とイギリスが、ギリシャはイギリスの勢力圏《せいりょくけん》とすることで合意[31]したので、ギリシャ共産党の指導部も亡命政府の首班を新政権の首相とすることに賛成し、四四年、新政府にも参加するのです。

一方、そのような妥協《だきょう》を知らされていなかった共産党の多数は反発し、隣接《りんせつ》するユーゴスラビアの山岳《さんがく》地帯を拠点《きょてん》とし、ユーゴ政府の援助《えんじょ》も受けて出撃《しゅつげき》するようになり、ギリシャ内戦が開始されます（四六年）。ギリシャ国軍はイギリスの援助で装備され、

30、傀儡とはもともとあやつり人形のことを指す。そこから転じて、他国や他人の手先となって思いのままに使われる政府をこのように呼ぶようになった。

31、イギリスとソ連は一九四四年のモスクワでの会談で、ルーマニア、ギリシャ、ユーゴスラビア、ハンガリー、ブルガリアをどのような割合で勢力圏とするかを取り決めた。パーセンテージ協定と呼ばれる。

訓練もされていましたが、優位に立つことはできず、イギリスも援助を継続《けいぞく》することができなくなります。この局面でアメリカがイギリスに替《か》わってギリシャ政府の援助に乗り出すことを表明したのが、すでに言及《げんきゅう》したトルーマン・ドクトリンでした。アメリカは三億ドルの軍事・経済援助をギリシャ政府に与《あた》えることにしたのです。

この頃《ころ》、社会主義国の内部では、ソ連による内政干渉《かんしょう》に反対するユーゴスラビアに対して、ソ連と他の東欧諸国が批判を強めます。ギリシャ共産党もソ連派とユーゴ派に分裂《ぶんれつ》し、次第《しだい》に勢力を弱めることになり、四九年には大規模な内戦が終了《しゅうりょう》しました。

この経過から明らかなように、ギリシャの内戦は、ソ連が東欧を支配したのと同じようなやり方で西欧を支配することを意図して起こされたものではありませんでした。また、ドイツの侵略に対して抵抗した西欧の共産党は、ギリシャだけでなくフランス、イタリアなどでも国民の支持をかなり獲得《かくとく》していましたが、これらの共産党は、ソ連の共産党とは異なり、議会制度が発達した国で誕生した政党ですから、マルクスの伝統を受け継いで自由と民主主義を尊重すると言明していたのです。

しかし、資本主義国の政府指導者や資本家にとっては、社会主義が戦争で押しつけられようと、選挙で実現することになろうと、自分たちの存立が脅《おびや》かされる恐怖《きょうふ》に変わりはありません。マルクスの理論では、資本主義は必ず社会主義になるとされていましたので、資本主義を否定する運動が絶えることはありません。そこでアメリカと西欧の指導者は、自由を否定する社会主義かそれとも資本主義・自由主義かという構図をつくり、開始された冷戦に勝利しようとしたのでした。

▽「中立」の選択肢もあり、実際それを選んだ国もあったが

とはいえ、西ヨーロッパ諸国には、西側の同盟に加わるか、東側に加わるかという選択肢《せんたくし》しかなかったわけではありません。どちらにも加わらないことによって、アメリカとソ連の双方《そうほう》から中立を保ち、平和を確保するという選択肢はありました。

実際、まず東側についていうと、旧ユーゴスラビアはワルシャワ条約機構には参加しませんでした。他の東欧諸国と異なり、自力で独立を勝ち取った要素が強いため、ソ連の傘下《さんか》に入ることをよしとしなかったのです。

西側でも、スウェーデンは一貫《いっかん》してNATOに参加せず、国連平和維持《いじ》活動[32]（PKO）を重視するなど、独自の外交、軍事路線を貫《つらぬ》いています。フランスも一九六六年、NATOの軍事機構からの脱退《だったい》を宣言し、外国の軍事基地をすべて撤去《てっきょ》するとともに、フランス軍も各地から引き揚げさせました。NATOへの全面復帰は二〇〇九年のことですから、約半世紀もの間、軍事機構には参加しなかったことになります。

けれども、これらの動きは、東西双方とも少数にとどまりました。非同盟の道を選んだ開発途上国《とじょうこく》を除き、軍事同盟の体制が世界をおおいつくすことになります。そしてこれが外国軍隊常駐《じょうちゅう》体制となったのには、核兵器《かくへいき》の誕生が関係してくるのです。

32、国連は国連軍を結成して侵略を阻止することはできなかったが、いくつかの国で戦争が終了するにあたり、停戦合意が守られるよう当事者の同意、中立などの原則のもとに平和維持軍を派遣するようになった。ただし最近のPKOでは、これらの原則は緩まり、住民保護を目的に武力行使を行うものまで出ている。

4、核戦力への依存が生み出した外国軍常駐体制

それまでの数千年の間、戦争を想定した同盟は存在しましたが、外国軍隊を受け入れるようなことはなかったのに、なぜ第二次大戦後の同盟はそうならなかったのか。その答えは簡単ではありません、

一つには、第二次大戦に伴《ともな》う占領《せんりょう》があり、その延長線上に開始されたことも無縁《むえん》ではないでしょう。東欧《とうおう》におけるソ連軍の駐留《ちゅうりゅう》は、ソ連が攻められた際に東欧を防波堤《ぼうはてい》にするためのもので、東欧諸国を守るというよりも支配することが目的でしたが、ソ連にとって常駐《じょうちゅう》することは不可欠でした。

アメリカと西欧にとっても、かたちは同じです。西ドイツをアメリカ軍が占領しており、その占領中にＮＡＴＯが結成されたので、その状態が継続《けいぞく》されたという面もあります。しかし、過去の同盟と同じように、米軍は本土に引き揚《あ》げて、有事の際に支《し》援《えん》にかけつけるという選択肢《せんたくし》もあったのに、そうはなりませんでした。そういうやり方のほうが、西欧《せいおう》諸国にとっても、外国軍隊駐留に伴う主権侵害《しんがい》問題を回避《かいひ》できたのに、そうしませんでした。なぜなのか。

目の前のソ連軍が強大で、引くに引けなかったという事情もあるでしょう。あるいは、アメリカにとってみれば、悪の体制であるソ連と戦うという「大義」を打ち出したのだから、前線はヨーロッパ諸国に任せるという腰の引いた姿勢は見せられません

でした。みずから最前線で戦う姿勢を見せるための象徴的《しょうちょうてき》な駐留という意味もあったはずです。しかし、より根本的には、戦後の安全保障戦略が核兵器《かくへいき》を中心とするものに移行したことが、米軍の常駐体制を生み出したと思われます。

▽抑止力とは何を意味しているのか

アメリカは第二次大戦中に原爆《げんばく》を開発し、広島、長崎《ながさき》に投下しました。その威力《いりょく》はすさまじく、戦争と安全保障の概念《がいねん》を変えるようなできごとでした。核兵器を数発でも持っていれば、戦争の相手国を屈服《くっぷく》させることができるからです。そんな兵器をそれまで人類は手にしたことはありませんでした。一九四九年、ソ連も原爆開発に成功します。

こうして、西側と東側の盟主が、それぞれ核兵器を保有する体制を構築します。そのことによって、米ソは、対立する陣営《じんえい》の個々の国に対して圧倒的《あっとうてき》な優位を確保するとともに、核による攻撃を恐れる国は、同盟の盟主である国（アメリカ、ソ連）に頼《たよ》らざるを得ない体制が出来上がったのです。

「抑止力《よくしりょく》」という言葉を目にしたことはあるでしょうか。戦後の安全保障戦略を特徴《とくちょう》づける言葉です。この概念《がいねん》は言葉だけを単純に解剖《かいぼう》すれば、「抑《おさ》」え「止《と》」める「力」ということに過ぎず、相手が武力を使うのを抑え止めるために、こちらも必要な力を蓄《たくわ》えておこうという程度の意味のように思えます。

しかし、その程度の意味ならば、安全保障の世界では人類が戦争を開始したずっと昔からあったはずです。一方、抑止力という言葉が安全保障の中心的概念として使われるようになったのは、第二次大戦が終わってしばらく後のことです。抑え止めるための「力」とはまさに核兵器であることが、そのような用語を使わせたのです。

抑止力とは何かについて日本の国会でも議論されたことがあります。例えば二〇一〇年六月八日、国会議員の質問主意書[33]に答え、政府は抑止力のことを以下のように定義した答弁書を公表しました。

侵略を行えば耐《た》え難《がた》い損害を被《こうむ》ることを明白に認識《にんしき》させることにより、侵略を思いとどまらせるという機能を果たすもの。

抑止力とはこちらから先に手を出すのではなく、手を出さない状態で相手に侵略を止めさせようとするものであり、その点では何がなんでも攻撃《こうげき》を仕掛けるというものではありません。しかし、だからこそ自分が保有する核兵器の威力《いりょく》は、実際に使わなくても相手を震《ふる》え上がらせるものでなくてはなりません。また、「耐え難い損害を被ることになる」と相手を恐怖《きょうふ》させるためには、実際に使う場合があることを「明白に認識させる」必要があり、ただ保管しておくのではなく常に発射できるような状態に

33、国会での議員の政府に対する質問は、テレビなどでも放映される面と向かってのもの以外に、質問文書を政府に提出する形式のものがある。これに対する政府の答弁書は、閣議決定の上で提出される。

しておき、訓練もくり返さなければなりません。そうでないと相手が核兵器で攻撃されるという恐怖を感じることはないからです。

抑止力とはこういう性格のものですから、核兵器を保有したアメリカとソ連はどんどん核兵器を増強させていきました。相手が自分を上回る能力を保有すれば相手に恐怖を与えられないので、歯止めもなく競争して増強させていったのです。

アメリカとソ連は、政治体制もイデオロギーも経済体制も、まったく対立し合う関係でした。相手の体制はこの世界に残ってほしくない体制なのです。そういう認識で相手に向き合っているので、軍事面においても、何の躊躇《ちゅうちょ》もなく相手を壊滅《かいめつ》させる戦略をとれたということでしょう。

こうして核兵器を持たない国にとって見れば、東西両陣営のどちらに属しているのであれ、第二次大戦前には経験したことのない事態が生み出されます。一方では、敵の核保有国から攻撃されればひとたまりもない状態であり、他方では、仲間の核保有《かくほゆう》国《こく》に全面的に頼るしかない状態です。

▽外国軍隊の常駐と特権の付与と

アメリカにとってみれば、その核兵器を米本土からソ連に向けて発射するという選択肢もあったでしょう。しかし、それしか選択肢がない場合、ソ連による報復核攻撃《かくこうげき》はアメリカの本土に及《およ》んできます。西ヨーロッパのために核兵器を使うのに、核の戦場になるのはアメリカになってしまうのです。ＮＡＴＯの同盟国に核兵器を持ち込むのは、アメリカの安全上は避けられないことであり、核兵器の運用のためにも米兵を常駐させる必要がありました。

一方、アメリカをＮＡＴＯに引き込むにあたり、西ヨーロッパの国も米軍が常駐することを望みました。なぜでしょうか。

西欧が恐《おそ》れたのは、ソ連が地上軍の戦力でも核戦力でも西欧諸国を圧倒しており、攻めてこられれば自分たちはひとたまりもないことでした。とりわけ核兵器で攻撃されれば、決着は一瞬《いっしゅん》のうちについてしまいます。そこから逃《のが》れ、アメリカの核兵器に代表される反撃力《はんげきりょく》に頼るためにはどうすればいいのか。ソ連が攻めてきた時、アメリカもまた戦争の当事者にならざるを得ない状況《じょうきょう》があればよく、そのためにも米軍が欧州に常時存在する体制が必要だったのです。

他方、それだけのことをアメリカに求めるのですから、西欧が支払《しはら》った代償《だいしょう》も大きなものでした。ＮＡＴＯの前身であり、アメリカが未加盟だったブリュッセル条約機構は、お互《たが》いに他の国の軍隊を常駐《じょうちゅう》させることを想定しており、駐留《ちゅうりゅう》する外国軍隊には受入国が主権を行使することを決めていました。裁判権も受入国が行使することで合意しています。これまで見てきたように、戦前、少ない事例とはいえ平時では外国軍隊にはそう対処するのが主権国家として当然でしたから、その慣例を引き継《つ》いだのです。

しかしアメリカは、NATOにもそれを適用しようとする西欧の提案を拒否します。駐留する米軍に対する裁判権はアメリカだけが行使するというのです。この議論はNATOが結成される以前には決着せず、その後も議論が続いたのですが、結局、痛み分けとなります。米軍が公務中に起こした事件、事故の場合はアメリカが裁判権を行使するが、公務外の場合は受入国が行使するというものです。そのことがNATO軍地位協定[34]に明記されることになりました。こうして、第二次大戦後、外国軍隊が特権を持って同盟国に常駐するという新しい現象が生まれます。

∇日本の特殊事情、ドイツとの違い

日本は一九五二年、第二次大戦を戦った連合国を相手に平和条約を結び、アメリカの占領は終わって、ようやく独立を回復します。それと同時に、アメリカとの間で最初の日米安保条約を結びます（旧米安保条約）。それに先立つ一九四八年、アメリカのロイヤル陸軍長官が「日本を反共の防壁に」すると演説したことは有名ですが、旧安保条約には、そのような意図が貫かれています。

朝鮮《ちょうせん》半島はアメリカとソ連が分割統治したのち、大韓民国《だいかんみんこく》と朝鮮民主主義人民共和国（北朝鮮）に分断され、五〇年には北が南に攻め入って戦争が起きていました。ア

34、地位協定とは、駐留する外国軍隊に与えられる特権、免除される義務などの総体を取り決めたもの。詳しくは本書第二章第六節にある。

メリカは朝鮮戦争に介入《かいにゅう》し、戦争の当事者となりましたが、休戦したとはいえ平和条約は結ばれず、法的には戦争状態が継続《けいぞく》します。一九四九年、中国では内戦の末に共産党が政権についていました。中国本土の中華《ちゅうか》人民共和国と台湾《たいわん》にある中華民国は、お互いが自分こそが中国を代表する政権だと名乗り、武力で統一を成し遂《と》げる意図を公言します。実際、一九五八年のことですが、中国は中華民国の領土で中国の沿岸に位置する金門《きんもん》、馬祖《ばそ》を武力で攻撃もします。ギリシャ内戦を除くと戦争が起きなかったヨーロッパと比べても、日本周辺では、社会主義と資本主義をめぐる対立は深刻なものでした。

旧安保条約は、ＮＡＴＯのように主権国家同士がお互いを守るというよりも、アメリカが日本の国土を軍事作戦で自由に使えるようにするために、戦後ずっと日本を占領してきたことを利用して結んだという性格が濃厚《のうこう》でした。日本における米軍駐留は、占領の延長線上に開始されたという点で、ＮＡＴＯとは異なるところがあるのです。

日本は独立したといっても、占領中にアメリカが使っていた軍事基地は、ほとんどそのまま残されました。どの基地を残すかで日米が合意しない場合、そのまま使えるようにするという合意[35]を、旧安保条約と同時に結んでいたのです。

また、日本を基地にしたアジアにおけるアメリカの核戦略は、ヨーロッパと比べても実際に使用する方向に傾きました。アメリカが朝鮮戦争で核兵器の使用を真剣に検

35、外務大臣だった岡崎勝男とアメリカの特別代表だったディーン・ラスクの名前をとって「岡崎・ラスク交換公文」と呼ばれる。行政協定の発効後九〇日以内に日米協議が整わない場合、占領時代の米軍基地がそのまま使えることで合意していた。

討したことはよく知られています。旧安保条約ができても、日本の基地は自由に使える基地ですから、アメリカは引き続き核兵器も自由に持ち込み、一九五八年の金《きん》門《もん》、馬祖《ばそ》危機では使用を試みました。日本にはそれを拒否する権限がないどころか、相談さえされませんでした。その後の一九六〇年代、ベトナム戦争でもアメリカは核使用を検討しましたから、アジアでは抑止にとどまらない可能性がありました。そのための自由に使える基地として日本を絶対に確保しておきたかったのです。

ＮＡＴＯと日米安保条約の違《ちが》いを象徴《しょうちょう》するのが、地位協定の裁判権規定です。先ほど書いたように、ＮＡＴＯでは公務中の事件、事故はアメリカが、公務外は受入国が裁判権を行使することになりましたが、旧安保条約とともに締結《ていけつ》された地位協定（当時は行政協定という名前でした）では、どんな場合もアメリカが裁判権を行使することになっていました。そんな事例は、主権国家同士の間では、戦争で敗北し、勝者が占領している時期をのぞき、かつて見られない出来事でした。

当時、こうした不平等に合意しない限り独立もできないとなれば、日本がとれる選択肢《せんたくし》は限られていたかもしれません。ドイツも日本と同じ敗戦国であり、ずっと占領されていた点でも同じです。しかし、ドイツは、戦勝国が主権を行使して設立したＮＡＴＯにあとから加わったのであり、敗戦国である日本が独立と引き替えに旧安保条約を結んだのとは、かなり異なった環境《かんきょう》にありました。

なお、ヨーロッパでも軍事同盟に加わらず、中立を選んだ国があるように、日本にも中立という選択肢はありました。そのため、平和条約と旧安保条約を結び、国会で批准《ひじゅん》する過程では、日本の世論は二分されます。

結局、旧安保条約は結ばれるのですが、独立したら米軍基地は縮小し、日本の主権は回復すると思っていた国民は、占領期とあまり変わらない現実に憤慨《ふんがい》します。しかも、旧安保条約は、ＮＡＴＯと異なり、アメリカの日本防衛義務は明確ではありませんでした。一方、基地を使用するアメリカの権利だけは強調されていたのです。日本の各地で国民に被害《ひがい》を与える米軍に抗議《こうぎ》したり、米軍基地の返還を求める運動が広がります。

▽現行の日米安保条約の成立

現行の日米安保条約は、こうした抗議と批判が高まるなかで、一九六〇年に結ばれたものです。条約の文面を見る限り、ＮＡＴＯとほぼ変わらないものとなりました。地位協定の裁判権規定もＮＡＴＯと同じです。

核兵器の持ち込みについては、第二章で紹介しますが、「事前協議」の仕組みがつくられました。ただし、日本政府が求めたのは協議であって、アメリカの核に頼る政策は一貫していました。旧安保条約下で首相になった鳩山《はとやま》一郎は、アメリカの核持ち込みについて問われると、「平和の維持《いじ》、戦争の防止に必要があるならば考えてもいい」

（一九五五年三月二四日、衆議院本会議）と答えています。新安保条約を締結した時に首相だった岸信介《のぶすけ》は、日本の核保有についてさえも、「核兵器と名がつくのだということで、これがすべて憲法違反《いはん》になるという解釈《かいしゃく》をすることは、憲法の解釈として行き過ぎではないか」（一九五七年五月七日、参議院内閣委員会）という態度をとっていました。

つまり、日本政府もまた、アメリカの核兵器に依存することは当然だと考えていたし、自国が保有することさえ頭の中にはあったのです。事前協議を求めたといっても、アメリカの核兵器の使用に制限を加える意図からきたというよりも、日本の反核世論を意識せざるを得なかったということでしょう。

新安保条約が国会で審議《しんぎ》される過程では、はげしい反対運動がくり広げられました。安保条約と地位協定は衆議院で採択《さいたく》されたものの、反対を押し切っての強行採決への批判も高まり、当時の岸信介内閣は総辞職せざるを得ませんでした。参議院では可決されることなく、自然成立[36]ということになります。

現行の日米安保条約は、文面はＮＡＴＯとほぼ同じになったとはいえ、これまで見てきたように、出発点はかなり異なるところがあります。その違いが条約の運用や米軍との関係にどんな影響《えいきょう》を与えているのか、注意深く見ていかねばなりません。それでは条約の全条項を見る次の章に入っていきましょう。

36、予算と条約については、衆議院で可決された議案が参議院で議決されない場合でも、三〇日が経てば自然に成立する。内閣総理大臣の指名の場合は一〇日である。

第二章
日米安保条約の全条項を読む

1、前文——八年前の旧安保の規定を全面改定して

日本国及びアメリカ合衆国は、
両国の間に伝統的に存在する平和及《およ》び友好の関係を強化し、並びに民主主義の諸原則、個人の自由及び法の支配を擁護《ようご》することを希望し、
また、両国の間の一層緊密《きんみつ》な経済的協力を促進《そくしん》し、並びにそれぞれの国における経済的安定及び福祉《ふくし》の条件を助長することを希望し、
国際連合憲章の目的及び原則に対する信念並びにすべての国民及びすべての政府とともに平和のうちに生きようとする願望を再確認《かくにん》し、
両国が国際連合憲章に定める個別的又《また》は集団的自衛の固有の権利を有していることを確認し、
両国が極東における国際の平和及び安全の維持《いじ》に共通の関心を有することを考慮《こうりょ》し、
相互《そうご》協力及び安全保障条約を締結《ていけつ》することを決意し、
よつて、次のとおり協定する。

条約には通常、具体的な取り決めを定めた本文（条項《じょうこう》）の前に、いわゆる「前文」が置かれています。どんな目的や意図、経緯《けいい》でその条約が結ばれたかを明らかにするものです。本文を解釈《かいしゃく》する上での指針となることもあります。

▽旧安保条約の前文はどうなっていたのか

日米安保条約の前文を理解するため、一九五二年に発効した旧安保条約の前文はどうだったのかを見てみましょう。比較《ひかく》してみると、新しい条約の特徴《とくちょう》を正確につかむことができます。

〈旧安保条約前文〉

日本国は、本日連合国との平和条約に署名した。日本国は、武装を解除されているので、平和条約の効力発生の時において固有の自衛権を行使する有効な手段をもたない。

無責任な軍国主義がまだ世界から駆逐《くちく》されていないので、前記の状態にある日本国には危険がある。よつて、日本国は平和条約が日本国とアメリカ合衆国の間に効力を生ずるのと同時に効力を生ずべきアメリカ合衆国との安全保障条約を希望する。

平和条約は、日本国が主権国として集団的安全保障取極《とりきめ》を締結する権利を有することを承認し、さらに、国際連合憲章は、すべての国が個別的及び集団的自衛の固有の権利を有することを承認《しょうにん》している。

これらの権利の行使として、日本国は、その防衛のための暫定措置《ざんていそち》として、日本国に対する武力攻撃《こうげき》を阻止《そし》するため日本国内及びその附近《ふきん》にアメリカ合衆国がその軍隊を維持することを希望する。

アメリカ合衆国は、平和と安全のために、現在、若干《じゃっかん》の自国軍隊を日本国内及びその附近に維持する意思がある。但《ただ》し、アメリカ合衆国は、日本国が、攻撃的な脅《きょう》威《い》となり又は国際連合憲章の目的及び原則に従って平和と安全を増進すること以外に用いられうべき軍備をもつことを常に避《さ》けつつ、直接及び間接の侵略《しんりゃく》に対する自国の防衛のため漸増《ぜんぞう》的に自ら責任を負うことを期待する。

よつて、両国は、次のとおり協定した。

現在の安保条約と、使われている言葉では共通のものが一部にあります。しかし、全体として、かなり違《ちが》った書きぶりになっています。何が違っていて、何が共通するのか、少し分析《ぶんせき》してみましょう。

▽日本防衛義務のなかった旧安保条約が改定される

37、アメリカはすでに一九四八年二月、国防長官が陸軍長官に対して、「日本と西ドイツの再軍備」を研究せよとの指示を出します。それに応え一〇月に国防長官に提出された「日本の限定的再軍備」（LIMITED MILITARY

旧安保条約の前文は、冒頭《ぼうとう》で「日本国は、武装を解除されているので、平和条約の効力発生の時において固有の自衛権を行使する有効な手段をもたない」と述べています。いまでは想像もできないでしょうが、日本は第二次世界大戦でアメリカをはじめとする連合国に敗北し、強大を誇《ほこ》った日本軍は武装を解除され、七年近くも占領《せんりょう》されることになりました。まだ占領下だった一九五〇年に朝鮮戦争《ちょうせんせんそう》が始まると、占領軍の命令で「警察予備隊[37]」がつくられ、占領軍によって武装や訓練が施《ほどこ》されるなど事実上の軍隊が誕生しますが、法律的には軍隊ではなく警察を補完するものという位置づけでした。したがって五二年の時点で日本に軍隊は存在せず、日本が侵略されて自衛権を行使したいと思っても手段がなく、だから米軍が駐留《ちゅうりゅう》するというのが旧安保条約の論理でした。

ただし、日本に軍備がないから米軍が駐留するというのでは、国際法上の根拠《こんきょ》にはなりません。そこで前文は、国連憲章（第五一条）で「（どの国も）個別的及び集団的自衛の固有の権利を有する」とされていることを理由に、「日本国に対する武力攻撃を阻止《そし》するため」、「（日本が）アメリカ合衆国がその軍隊を維持することを希望する」として、米軍の駐留を根拠づけたのです。つまり、国連憲章を根拠にして日本が米軍の駐留を希望しているので、アメリカがその希望に応《こた》えたということです。

けれども、自衛権を行使する権利があるからとか、日本への武力攻撃を阻止するた

ARMAMENT FOR JAPAN）という答申は、「軍事的観点だけから見れば、日本の軍隊を創設することが望ましい」としつつ、憲法改正などの問題を引き起こすので、「現時点では実際的でないし、賢明でもない」と述べました。その上で、現状では「文民警察の増員」が大事で、それは「日本の軍隊の組織化の媒体という役割を担うだろう」と展望していました。

めというのは、あくまで日本の希望として述べられているだけです。在日米軍がその日本の希望をかなえるために活動するような規定はどこにもなく、アメリカ自身が在日米軍を維持する目的として明示されているのは、「平和と安全のために」というきわめて一般的《いっぱんてき》であいまいな表現にとどまっています。前文だけではなく、本文の具体的な条項《じょうこう》に目を移しても、米軍の目的は「極東における国際の平和と安全の維持に寄《き》与《よ》」すること、さらにはすでに紹介《しょうかい》しましたが「日本国における大規模の内乱及び騒《そう》擾《じょう》を鎮圧《ちんあつ》」することだけなのです。

旧安保条約に対して「占領期の延長だ」という厳しい評価があったことを第一章で紹介しましたが、同時にアメリカの日本防衛義務が明記されていないことにも、日本側には大きな不満が残りました。日本政府がのちに旧安保条約を改定したいと願ったのは、こうした理由からです。

これに対して、新安保条約は前文で、「両国が国際連合憲章に定める個別的又は集団的自衛の固有の権利を有していることを確認《かくにん》し」と、アメリカも自衛権（個別的及び集団的）を目的として条約を結んでいることを明らかにしています。また、あとで解説することですが、第五条では、「（日本に対する）武力攻撃が、自国の平和及び安全を危《あや》うくするものであることを認め」、「共通の危険に対処するように行動する」と規定しています。新安保条約でアメリカの日本防衛義務が明確になったと言われるのは、こういう事情があるのです。

38、「すべての加盟国は、その国際関係において、武力による威嚇又は武力の行使を、いかなる国の領土保全又は政治的独立に対するものも、

▽共産主義を明示しないが敵対することを明確化

旧安保条約ではさらに、日本の平和と安全を脅《おびや》かすのは誰《だれ》かという問題について、日米の共通の認識《にんしき》を書き込んでいます。前文と本文の二箇所《かしょ》に記述があります。

まず前文に書かれているのは、「無責任な軍国主義がまだ世界から駆逐《くちく》されていないので、前記の状態（非武装の状態――引用者）にある日本国には危険がある」という認識です。ソ連や中国、北朝鮮《きたちょうせん》などのことを「無責任な軍国主義」と呼んでいるわけですが、いくら名指ししていないと言っても、国際条約の文面としては異例の批判です。条約というのは外交儀礼《ぎれい》にしばられるもので、例えば「武力行使を禁止した」と評価されている国連憲章第二条第四項[38]でも、武力行使を「禁止（prohibit）」するという強い言葉ではなく、「慎《つつし》む（refrain）」というマイルドな用語が使われています。

こういう事情がありますから、安保条約と同じ目的をもったNATO条約にしても、対抗《たいこう》する社会主義の制度を批判するような文言は見当たりません。そうではなくて、「民主主義の諸原則、個人の自由及び法の支配の上に築かれたその国民の自由、共同の遺産及び文明を擁護《ようご》する決意を有する」（前文）、「自由な諸制度を強化する」（第二条）と、自分たちがめざす価値観にふれていただけです。

旧安保条約がストレートな文面になったのは、ヨーロッパとは異なり、直前に北朝

また、国際連合の目的と両立しない他のいかなる方法によるものも慎まなければならない。」（第二条第四項）

All Members shall refrain in their international relations from the threat or use of force against the territorial integrity or political independence of any state, or in any other manner inconsistent with the Purposes of the United Nations.

鮮が韓国《かんこく》を侵略《しんりゃく》して朝鮮戦争が起こり、中国が軍隊を派遣《はけん》して介入《かいにゅう》した現実、さらに朝鮮戦争は休戦状態になっただけで法的には戦争が継続《けいぞく》しているという現実（平和条約あるいは講和条約が結ばれて初めて戦争は法的にも終結したとみなされます）の反映でしょう。同時に、同じく敵国を相手にするにしても、何世紀もの間、対等平等の条約を結んできたヨーロッパの国に対しては外交儀礼を重んじるが、つい最近まで植民地の対象だったアジアの国には非礼な言葉を投げつけても構わないという、多少の差別意識が働いたのかもしれません。

▽旧安保条約の問題の多い内乱条項は受け継がれなかった

もう一つ、誰が日本の平和と安全を脅かすのかという記述が、旧安保条約の第一条にあります。これが内乱条項と呼ばれていることは紹介しましたが、その内乱が「一又は二以上の外部の国による教唆《きょうさ》又は干渉《かんしょう》によつて引き起され」るという認識が描《えが》かれています。共産主義国が日本国内の共産主義者を教唆（そそのかすという意味です）し、干渉（他国の内部問題に武力などで介入してくることです）して、日本で内乱が起きる場合、日本政府の要請《ようせい》に応じて米軍が鎮圧《ちんあつ》を援助《えんじょ》しようということです。第一章でギリシャ内戦にアメリカが関与《かんよ》し、共産主義者を鎮圧したことを紹介しましたが、その再現を狙《ねら》ったということでしょう。[39]

39、占領下でアメリカの軍事顧問団幕僚長であり、警察予備隊の創設に深く関わったフランク・コワルスキーは、「真偽のほどは、今になっても明らかにされていない」としつつ、内乱が起こるという「うわさ」があったとしています。「それより、もっとわれわれの心胆を寒からしめたことは、北海道の北端より目と鼻の先にあるソ連占領下の樺太には、日本他国からの干渉があろうとなかろうと、選挙を通じて議会で多数を握《にぎ》って政権を獲《かく》得《とく》する制度が確立している国において、暴力によって政権を奪《うば》うようなことが許されるはずがありません。しかし、歴史的な経過から内戦当事者がいずれも軍隊として武装していたギリシャと異なり、日本には外国から武器を援助されるような勢力はなく、ギリシャの共産主義者の出撃《しゅつげき》基地となったユーゴスラビアのような地続きの国もありません。さらに日本政府は警察にくわえて強大な警察予備隊を抱《かか》えていました。武力革命を鎮圧するにしても、それは日本政府が自力でやるべきことでした。

実際、ギリシャ内戦と平行して誕生したＮＡＴＯ条約にも、内乱条項のようなものはありません。イギリスとアメリカはギリシャ政府に武器などの援助は行いましたが、軍隊を派遣して内乱を鎮圧するようなこともしませんでした。ところが、旧安保条約は、「この軍隊は（米軍のことです――引用者）、……大規模の内乱及び騒擾を鎮圧するため……使用することができる」としていたのです。国家の主権を尊重するという大事な問題で、ヨーロッパとアジアではアメリカの対応が違っていたということです。ただし、六〇年に改定された新安保条約では、そんな記述は見られなくなりました。

▽一貫して変わらない日本の軍備拡張義務

最後に、旧安保条約でも新安保条約でも、日本が軍備を増強すべきとされているこ

人共産主義者によって編成された二個師団が展開されているという、恐ろしいうわさであった」「彼らの任務は、（米軍）第七師団が朝鮮に向けて出発した直後、北海道に侵入しこれを攻略することにあった」同氏の『日本再軍備――米軍事顧問団幕僚長の記録』中公文庫）

とに注目してください。旧安保条約は前文であり、新安保条約は本文という違いだけです。

旧安保条約は、最後の段落で、アメリカが日本に軍隊を配備する意思があることを表明しつつ、「但《ただ》し」として、「日本国が……直接及び間接の侵略に対する自国の防衛のため漸増《ぜんぞう》的に自ら責任を負うことを期待する」と、日本の軍備拡張への「期待」を表明します。ここで言う「直接侵略」とは、常識的にイメージする外国による侵略ですが、「間接侵略」とは直前の「内乱条項」と同じで、日本の武装集団が外国にそそのかされて政権の転覆《てんぷく》を謀《はか》ることを意味しています。

なお、NATO条約にも似たような軍備拡張条項がありますが（第三条）[40]、旧安保条約のように「間接侵略」への対処はうたっていません。すでに述べたことですが、間接侵略への対処とは、まさに自国の国民に銃《じゅう》を向けることですから、主権国家が易々と同意できるようなことではないのです。

新安保条約になっても軍備拡張義務は本文（第三条）で規定されました。しかし、ようやくNATO並になり、「内乱条項」とともに「間接侵略」のための軍備増強規定はなくなります。その具体的内容は、第三条を論じる際に解説します。

これまで論じてきたことから分かることは、旧安保条約には、アジアが共産主義化することを防ぎたい、そのためにも日本を利用したいというアメリカの意図が露骨にあらわれていたということです。ＮＡＴＯの場合、共産主義に対抗《たいこう》するという同じ目

40、「この条約の目的を一層有効に達成するために、単独に及び共同して、継続的かつ効果的な自助及び相互援助により、武力攻撃に抵抗する個別的の及び集団的の能力を維持し発展させる。」（第三条）

的を持っていても、敵国も自分たちと同じ主権国家だとは認め、同盟国間の関係も主権国家同士の同盟にふさわしいものにするという、いわば国際関係の常識が貫《つらぬ》かれていました。それに対して、旧安保条約は、やはり敗戦して占領《せんりょう》した国に対して、戦勝国が自国の意図を押し付けたという要素が多かったのです。

それが新安保条約になり、ＮＡＴＯ並に変化しました。それが言葉の変化にとどまらず、実体的な変化を伴《ともな》ったのかは、各条文の解説で論じることとします。

▽「米陸軍の小型」としての自衛隊

なお、占領下にアメリカの命令で日本の再軍備が進んだことは、きわめて大きな問題を生み出しました。二つに分けて論じましょう。

一つは、直接に日米安保条約の性格にかかわる問題です。同盟国の軍隊というのは、いざという時のために協力して戦わなければならないので、共同で訓練しますし、共同で開発した武器を使用することもあります。しかし、そうはいっても、軍隊というのは自国を防衛するためのものですから、他国の軍隊と協力するにしても、自分の判断でそれを行うわけです。軍隊の組織や運用などに外国が干渉《かんしょう》することはあり得ません。

しかし、日本の場合、占領下で軍隊が完全に解体されたため、白紙の状態でつくられることになりました。警察予備隊がつくられることが決まると、旧日本軍の幹部などの中で、かつての日本軍の伝統を新しい軍隊に持ち込もうとする動きが強まりますが、アメリカはこれを嫌《きら》い、アメリカ流《りゅう》の軍隊を日本でつくろうとします。警察予備隊を訓練し、武器を与《あた》え、作戦を教えたのは、他ならぬ米軍自身でした。警察予備隊創設でアメリカ側の中心人物だったフランク・コワルスキーの『日本再軍備』（注記39を参照）は、次のように証言しています。

> 更《さら》に何よりも重要なことは、日米共同作戦を行なう場合、両軍が同様に編制・装備されていることが明らかに大きな利点となる。両軍の指揮、幕僚《ばくりょう》機構[41]、通信系統、兵站《へいたん》部門[42]をたいした支障なしに統合し重ねることができるのである。こういった考え方が、他の主張をおさえて、結局予備隊は米陸軍の小型になることに決まった。

たとえ出発点がそうであっても、その後の自衛隊が「米陸軍の小型」に必ずなるというものではありません。日本の平和と安全を貫《つらぬ》くために日本政府が必要だと判断するなら、別の道を進むことも可能でしょう。現在も少なくない自衛官が、アメリカとの協調を大切にしつつも、何よりも大事なのは日本国民の命だという立場で任務に就《つ》いていることも知っています。ただし、出発点がそうであったことは、それを日本政府が歓迎《かんげい》したことも含《ふく》め、その後の自衛隊のあり方に大きな影響《えいきょう》を与《あた》えたことはいう

41、軍隊において指揮官が作戦計画を立てるに当たって、それを補佐する機構のこと。参謀と呼ばれることもある。

42、戦場から後方にいて、前線の部隊の補給その他を支援する活動のこと。

までもありません。

∇憲法九条をめぐる国民同士の対立

日本の再軍備がもたらしたもう一つの問題は、日本国民の間で、世論の大きな分裂《ぶんれつ》を生んだことです。戦力の不保持を規定した憲法九条[43]との関係をめぐる対立の問題です。初期にはこれは、アメリカからの求めとしてもたらされました。

米軍内部で作成され、四八年一〇月に国防長官に提出された答申《とうしん》「日本の限定的再軍備」（注記37を参照）は、早くも「防衛のために日本の軍備を最終的に認めるという見地から日本の新憲法の改定を達成するという問題が探求されるべきである」としていました。

五〇年に警察予備隊ができた段階で、それが憲法九条に反することは、日本もアメリカも共通の認識《にんしき》でした。しかし、憲法九条を変えることに対する国民世論の反発は強く、日米ともにこれは九条が禁止した「戦力」ではないという立場をとることにしました。これは国民に対してうそをつくことでした。先ほどのコワルスキーは次のように書いています。

アメリカおよび私も、個人として参加する『時代の大うそ』が始まろうとしてい

43、「日本国民は、正義と秩序を基調とする国際平和を誠実に希求し、国権の発動たる戦争と、武力による威嚇又は武力の行使は、国際紛争を解決する手段としては、永久にこれを放棄する。
2　前項の目的を達するため、陸海空軍その他の戦力は、これを保持しない。国の交戦権は、これを認めない。」（第九条）

る。これは、日本の憲法は文面通りの意味を持っていないと、世界中に宣言する大うそ、兵隊も小火器・戦車・火砲《かほう》・ロケットや航空機も戦力でないという大うそである。人類の政治史上恐《おそ》らく最大の成果ともいえる一国の憲法が、日米両国によって冒涜《ぼうとく》され蹂躙《じゅうりん》されようとしている。

旧安保条約が締結《ていけつ》されたあと、警察予備隊はまず保安隊へと名称《めいしょう》を変えます（五二年）。そして五四年、自衛隊が発足《ほっそく》することになります。名称を変える度《たび》に、それは実体的にはより軍隊らしくなっていきます。新安保条約が締結されるまでの間に、憲法を改定するような試みもありましたが、結局、憲法第九六条[44]で定められたように、改憲勢力が国会で改憲に必要な三分の二の議席を獲得《かくとく》することはなく、九条はそのまま維持《いじ》されました。

この結果、国民多数が自衛の組織が必要だと考えるが、同時にその同じ国民が憲法九条が変わることには不安を感じるという状態が続くことになります。国民多数は同じようなことを考えているのに、改憲派と護憲派が対立し、批判し合うという構図も続くのです。これは、日米安保の問題というより憲法問題なので深入りは避《さ》けますが、何らかのかたちで合意形成が必要な問題として今日《こんにち》まで継続《けいぞく》しています。

44、「この憲法の改正は、各議院の総議員の三分の二以上の賛成で、国会が、これを発議し、国民に提案してその承認を経なければならない。この承認には、特別の国民投票又は国会の定める選挙の際行はれる投票において、その過半数の賛成を必要とする。」（第九六条第一項）

2、第一条――国連憲章の平和原則の尊重を規定

締約国《ていやく》は、国際連合憲章に定めるところに従い、それぞれが関係することのある国際紛争《ふんそう》を平和的手段によつて国際の平和及び安全並びに正義を危《あや》うくしないように解決し、並びにそれぞれの国際関係において、武力による威嚇《いかく》又《また》は武力の行使を、いかなる国の領土保全又は政治的独立に対するものも、また、国際連合の目的と両立しない他のいかなる方法によるものも慎《つつし》むことを約束する。

締約国は、他の平和愛好国と協同して、国際の平和及《およ》び安全を維持《いじ》する国際連合の任務が一層効果的に遂行《すいこう》されるように国際連合を強化することに努力する。

読めば分かる通り、日本とアメリカの両国が、国際平和を確保するために制定された国連憲章の原則を遵守《じゅんしゅ》することを約束したものです。その原則とは、国際紛争を平和的に外交手段で解決すること、武力による威嚇と武力の行使を慎むことです。ＮＡＴＯ条約などにも同様の規定があります。国連を強化するために努力すべきこともうたっています。

日米安保条約というのは、第五条と第六条の解説で明らかにするように、どういう場合に日米が武力を行使して日本を防衛するのか、どういう場合に極東の平和と安全のためのアメリカによる武力行使を認めるのかが、中心的な内容となっています。しかし、そうであっても、やはり紛争《ふんそう》は平和的に解決し、武力の行使は禁止することを優先させねばならないということが第一条に書かれています。国連憲章も最終的に武力の行使を認めているのですが、あくまで最後の手段としてであり、日米安保条約もそれに縛《しば》られるのです。

このような規定が置かれたのは、ある意味では、戦争を嫌《きら》う日本国民の世論を意識し、軍事同盟を結んでも武力行使を最優先にするのではないと説得する意図があったのでしょう。国連憲章のこのような規定は、第二次大戦を通じて歴史上はじめて誕生したものであり、過去に結ばれた同盟条約には存在しない考え方でしたので、これまでの同盟のように戦争につながるものではないと訴《うった》えたかったのです。

同時に、この規定が冒頭《ぼうとう》に置かれたことにより、紛争の平和的解決と武力行使禁止の原則を日米安保条約を運用する際にも重視することが求められるようになりました。安保条約の運用にかかわる外交当局者も防衛当局者も、この規定を判断の基準として運用に当たらなければなりません。

3、第二条——自由な制度の強化と経済協力

締約国《ていやく》は、その自由な諸制度を強化することにより、これらの制度の基礎《きそ》をなす原則の理解を促進《そくしん》することにより、並びに安定及《およ》び福祉《ふくし》の条件を助長することによつて、平和的かつ友好的な国際関係の一層の発展に貢献《こうけん》する。締約国は、その国際経済政策におけるくい違《ちが》いを除くことに努め、また、両国の間の経済的協力を促進する。

▽社会主義と対抗した資本主義経済強化の同盟

日米安保条約は価値観とイデオロギーを共有するところに特徴《とくちょう》がありますが、それを象徴《しょうちょう》する条項《じょうこう》です。「自由な諸制度を強化する」ことで「平和的かつ友好的な国際関係の一層の発展に貢献《こうけん》する」という文面にあらわれています。これは第一章で詳《くわ》しく解説しましたので、ここでは省きます。

同時に第二条のもう一つの特徴は、経済問題での強調を定めたことにあります。最後の文章はよく「経済協力」条項と呼ばれるもので、日米が「国際経済政策におけるくい違いを除く」ために努力するとともに、「経済的協力を促進する」ことを定めて

います。

　どの国とであれ経済協力が進むのは良いことです。国際経済政策で国家同士が協調するのも当然でしょう。しかし、この条項はもともと、価値観同盟をあらわす第二条に置かれたことでもわかるように、社会主義と対抗して資本主義の経済制度を強化することが目的でした。ですから、似たような条項は資本主義大国の同盟であるＮＡＴＯ条約にもありますが、当時は経済的な影響力《えいきょうりょく》の弱かった韓国やフィリピンとアメリカが結んだ同盟条約には存在しません。

　実際、第二次大戦後の世界は、経済分野の国際協調の面でも資本主義と社会主義に分かれました。資本主義国はアメリカ主導のＩＭＦ[45]（国際通貨基金）やＧＡＴＴ[46]（関税及び貿易に関する一般協定、ガットと読む）に加わり、社会主義国はＣＯＭＥＣＯＮ[47]（経済相互援助《そうごえんじょ》会議、コメコンと呼ぶ）に結集しました。しかし、冷戦の崩壊《ほうかい》とともに、ロシアや中国もＩＭＦやＷＴＯ（世界貿易機関、ＧＡＴＴの後継《こうけい》組織）に参加するようになり、資本主義国だけが経済同盟を組織する意味は薄《うす》れています。例えば、ＷＴＯにはロシア、中国を含む世界一六〇か国以上が参加し、同じルールで貿易が行われるよう努力しています。政策に食い違《ちが》いがあれば、紛争《ふんそう》処理のための委員会がつくられ、判断を下すシステムもあります。

▽くい違いがアメリカ本位で解決されてきた理由

45、国連の専門機関として、国際収支で赤字を抱える国に資金を貸し出したりする。（International Monetary Fund）

46、「関税と貿易に関する一般協定」の略称。九四年に解消し九五年にＷＴＯに吸収された。（General Agreement on Tariffs and Trade）

47、一九四九年にソ連によって創設された。現在は存在しない。（Council for Mutual Economic Assistance）

同時に、この条項は、アメリカと日本の間で経済政策の違いが生まれた時、アメリカの意見を通す根拠《こんきょ》となっているとの批判がつきまとってきました。それは、戦後の日米関係において生じた各種の貿易摩擦《まさつ》が、実際にアメリカの要求が貫かれるかたちで解決されてきたからです。

日米間の争いは、一九五〇年代と七〇年代の繊維《せんい》摩擦[48]、八〇年代の自動車摩擦[49]などくり返されましたが、どの場合も、日本の安価で良質な製品がアメリカで広がってアメリカの産業を困難に陥《おとしい》れたため、日本側がアメリカの求めに応じて輸出の自主規制を行うというやり方で解決してきました。資本主義は自由経済を建前としており、貿易も自由に行われるはずなのに、国家が介入《かいにゅう》して決着させるのですから、建前と本音の乖離《かいり》が問題になりました。

ただし、欧米《おうべい》間でも同じく経済摩擦が生じて激しい争いも起きましたが、ヨーロッパ側がアメリカの要求をそのまま認めるような決着にはなりませんでした。NATO条約にも同じ条項があるのに、なぜ日本だけがそうなってしまうのか。その答えを、実際にアメリカとの交渉《こうしょう》の最前線にたった官僚《かんりょう》が書き残しています。

その人の名前は坂本吉弘《よしひろ》氏。通産省（現経済産業省）の審議官《しんぎかん》で、退官後、『目を世界に心を祖国に』（財界研究室）を著《あらわ》します。この本の中で坂本氏は、アメリカの要求が「国（日本のこと――引用者）の経済政策全般を米国の監視下《かんしか》に置こうとする」も

48、一九五五年にアメリカが繊維製品の関税を引き上げたため、日本製品が輸出されて起きた。五七年の日米綿製品協定で日本は輸出を自主規制。七〇年代初頭、毛と化学繊維でも同様の事態になる。

49、ガソリン価格の高騰でアメリカの消費者の小型自動車志向が強まったのを受けて日本車の輸出が急増し、米政府の求めに応じて日本側が自主規制した。

のだったと肌で感じたそうです。そして、アメリカの要求になぜ屈することになるかを、次のようにまとめています。

戦後に行われた日米間の経済交渉《こうしょう》は、その大小を問わず、交渉の最終局面における政治判断において、日米の双方《そうほう》が冷戦と日米同盟関係の存在を考慮《こうりょ》に入れずに行われたことはまずありません。

日米通商協議の難しさは、軍事同盟から生ずる政治的プレッシャーに常にさらされることにあります。その時々の政治案件と経済案件が米国のホワイトハウスと日本の官邸《かんてい》においてどのように絡《から》み合い、どのように優先度がつけられるか、その軽《けい》重《ちょう》を判断しておかねばなりません。

要するに、日米間の経済交渉は、純粋《じゅんすい》な意味での経済的利益をめぐる交渉にはならないで、日米同盟をどうするのかとからんで来るということです。砕《くだ》いて言うと、日本が要求を貫《つらぬ》こうとすると、アメリカの側から「日米同盟がどうなってもいいのか」「日本を守らなくてもいいのだな」というようなプレッシャーがかかり、日本が腰砕《こしくだ》けになるということだと思われます。この点では、日米交渉で日本が弱腰《よわごし》になる理由は、経済協力を定めた条約第二条にあるというより、ヨーロッパと比べても国の安全保障をアメリカとの同盟に頼《たよ》り切っている現実にあるということでしょう。

4、第三条――防衛能力の増強を義務化する

> 締約《ていやく》国は、個別的に及《およ》び相互《そうご》に協力して、継続的《けいぞくてき》かつ効果的な自助及び相互援《えん》助《じょ》により、武力攻撃《こうげき》に抵抗《ていこう》するそれぞれの能力を、憲法上の規定に従うことを条件として、維持《いじ》し発展させる。

▽米上院のバンデンバーグ決議を取り込んで

日本とアメリカが、「自助及び相互援助により」、侵略に対する防衛力を高めることを規定しています。同時にそれは「憲法上の規定に従う」ことが条件だとされています。

これは日米安保条約に限らず、全米相互援助条約[50]を除き、アメリカが結ぶ同盟条約には基本的に存在する規定です。なぜなら、アメリカが欧州《おうしゅう》諸国の要望に応《こた》えてNATOに参加することを決める際、この種の同盟条約を結ぶ際は必ず守らなければならない条件として、条約を承認《しょうにん》する権限のある議会上院で決議された事項《じこう》だからです（一九四八年）。発議者である議員の名前をとってバンデンバーグ決議と呼ばれますが、その中で「自助及び相互扶助《ふじょ》」が挙げられています。つまり、アメリカに防衛を頼《たよ》り切って、防衛能力を「自助」で増やさないような国とは同盟条約を結んではならない

50、締結された年の名前をとって「リオ条約」とも呼ばれるアメリカ大陸諸国の軍事同盟。第一章で解説した通り、国連憲章五一条が生まれる要因となった。「自助及び相互扶助により」という規定がないのは、バンデンバーグ決議以前（一九四七年）につくられたからである。

ということです。その種の条約は、たとえ政府が他国と結んでも、議会は承認しないという仕組みです。

現在、世界各地に軍隊を展開しているアメリカを見ると信じがたいことですが、実はアメリカは建国後の長い間、軍隊を派遣《はけん》するのは南北アメリカ大陸に限っていました。ヨーロッパの政治には干渉《かんしょう》しないのが原則だったのです[51]。第一次世界大戦でその原則が一部破れましたが、結局は国際連盟にも参加していません。第二次大戦で連合国を主導したのは例外中の例外であり、戦争が終わると再びもとの原則に戻《もど》る機運が広がりました。その中で再び外国に軍隊を常駐《じょうちゅう》させようというのですから、アメリカにも覚悟《かくご》が必要でしたし、軍隊派遣を求める国に対しても覚悟を求めたということです。

▽防衛能力の向上と憲法の遵守との間

日本は旧安保条約の時代の一九五四年三月、防衛力増強を進める目的で日米相互防衛援助協定（MSA協定）を締結し、同七月に防衛庁を設置して陸海空《りくかいくう》の三自衛隊を発足《ほっそく》させていました。新安保条約は、その自衛隊をさらに強化する覚悟を日本に持たせるものでした。実際、日本の防衛費はそれ以降も激増を続け、現在、毎年の防衛費の支出は、世界で五番目とも六番目とも言われるほどの水準に達しています。

51、それを明確に提唱した第五代大統領の名前をとってモンロー主義と呼ばれる。一八二三年に議会で行った演説の中で発表された。その時点で南北アメリカに存在した地には干渉しないが、それ以降に植民地を増やす試みには反対することも明確にした。

ただし、防衛能力の向上も「憲法上の規定に従う」のが条件であったため、自衛隊の強化をめぐってはいろいろな制約があったことも事実です。自衛隊が装備を強化しようとする度《たび》に、「それは憲法に合致《がっち》するかしないか」の論争が国会でも闘《たたか》わされました。その結果、「わが国が憲法上保持できる自衛力は、自衛のための必要最小限度のものでなければならない」という考え方が打ち出されました。個々の武器についても、「防衛白書」は次のように述べています。

> （自衛隊が）憲法第九条第二項《こう》で保持が禁止されている「戦力」にあたるか否《いな》かは、わが国が保持する全体の実力についての問題であって、自衛隊の個々の兵器の保有の可否は、それを保有することで、わが国が保持する実力の全体がこの限度を超えることとなるか否かによって決められる。
> しかし、個々の兵器のうちでも、性能上専《もっぱ》ら相手国国土の壊滅的《かいめつてき》な破壊《はかい》のためにのみ用いられる、いわゆる攻撃的《こうげきてき》兵器を保有することは、直ちに自衛のための必要最小限度の範囲を越《こ》えることとなるため、いかなる場合にも許されない。例えば、大陸間弾道《だんどう》ミサイル[52]（ＩＣＢＭ）、長距離《ちょうきょり》戦略爆撃機《ばくげきき》[53]、攻撃《こうげき》型空母[54]の保有は許されないと考えている。

このような考え方が表明される一方、「相手国国土の壊滅的な破壊」をしないもの

52、射程距離が五五〇〇キロ以上の弾道ミサイル。アメリカとソ連が本土から相手を狙うのに必要な距離だとして両国の条約で定義された。

53、敵の兵力と直接に戦うよりも、敵地の奥深く侵入し、都市機能などを破壊する役目を持つ爆撃機。アメリカのB52などが有名である。

54、敵地を攻撃できる軍用機を搭載するものだが、明確な定義があるわけではない。

であれば核兵器《かくへいき》の保有も憲法上は問題ないとか保有しないのは（政策判断だと表明している）、アメリカの最新ステルス機であり、立派な敵地攻撃機能を持つＦ35を運用できる大型の護衛艦《ごえいかん》の建造は行われているとか、検証しなければならない問題は山積みしています。今後とも、日本の防衛能力と憲法との関係の問題は、不断に考えなければならない問題です。

5、第四条――随時協議と有事協議の規定

締約《ていやく》国は、この条約の実施《じっし》に関して随時《ずいじ》協議し、また、日本国の安全又《また》は極東における国際の平和及《およ》び安全に対する脅威《きょうい》が生じたときはいつでも、いずれか一方の締約国の要請《ようせい》により協議する。

日米安保条約の諸条項《じょうこう》を実施するための日米間の協議について定めています。協議は二つの種類に分かれており、一つは「条約の実施」に関するもので、もう一つは日本の安全または極東の安全に対する脅威が生じた時のものです（いわゆる有事協議）。

前者の協議は、「日米安全保障協議委員会」で行われるのが通例で、六〇年の安保条約とともに設置されました。当初、日本側の代表は外務大臣と防衛庁長官だったのに、アメリカ側の代表は駐日《ちゅうにち》大使と米太平洋軍司令官であり、あまりに不平等だという批判がありました。そこで一九九〇年になって、アメリカ側も国務長官と国防長官が出席する形式に改められました。よく2プラス2（ツー・プラス・ツー）と呼ばれます。一～二年に一度の割合で開かれています。[55]

一方、これまで有事協議は開かれていません。日本有事という事態は発生していないので、これは当然かもしれません。他方、極東有事はどうでしょうか。アメリカが

55、他に、七六年に日米安全保障協議委員会の合意で設置された「日米防衛協力小委員会」がある。また九五年、普天間基地問題をはじめとする沖縄基地問題を協議するため、「沖縄に関する特別行動委員会」がつくられた。

日本を拠点《きょてん》としてベトナム戦争を大規模に戦ったことはよく知られています。アメリカにとって第二次大戦後で最大の戦争でしたから、「有事」以外のなにものでもありませんでした。それでも有事協議が開かれなかったのは、第六条で扱《あつか》う「事前協議」とも深く関係しますので、そこで解説することにしましょう。

6、第五条、第六条――条約の中核として自衛隊と米軍の行動を規定

各締約国《ていやく》は、日本国の施政《しせい》の下《もと》にある領域《りょういき》における、いずれか一方に対する武力攻撃《こうげき》が、自国の平和及《およ》び安全を危《あや》うくするものであることを認め、自国の憲法上の規定及び手続に従つて共通の危険に対処するように行動することを宣言する。

前記の武力攻撃及びその結果として執《と》つたすべての措置《そち》は、国際連合憲章第五十一条の規定に従つて直ちに国際連合安全保障理事会に報告しなければならない。その措置は、安全保障理事会が国際の平和及び安全を回復し及び維持《いじ》するために必要な措置を執つたときは、終止しなければならない。（第五条）

日本国の安全に寄与《きよ》し、並びに極東における国際の平和及び安全の維持に寄与するため、アメリカ合衆国は、その陸軍、空軍及び海軍が日本国において施設《しせつ》及び区域を使用することを許される。

前記の施設及び区域の使用並びに日本国における合衆国軍隊の地位は、千九百五十二年二月二十八日に東京で署名された日本国とアメリカ合衆国との間の安全保障条約第三条に基《もと》づく行政協定（改正を含《ふく》む。）に代わる別個の協定及び合意される他《ほか》の取極《とりきめ》により規律される。（第六条）

他の条項《じょうこう》と異なり、ここだけは五条と六条をまとめて論じます。その理由は、一つには、五条と六条は安保条約がどのように発動されるかという、条約の核心《かくしん》をなす条項であることです。同時に、これまでこの二つは区別して論じられることが多かったのですが、読み進めていただければ分かる通り、時代が変わるにつれて区別できないことも増えてきたからです。

第五条は、旧安保条約とは異なり、アメリカが日本防衛義務を認めたものとして、その枠内《わくない》で扱《あつか》われてきました。そして両国が「共通の危険に対処する」のですから、自衛隊と米軍が協力して行動することを定めたものです。

第六条は、よく「極東条項」と呼ばれることがありますが、日本と極東の安全のために、日本が米軍に基地を提供することを規定しています。また後段では、駐留《ちゅうりゅう》する米軍の地位（特権などのことです）は別の取り決めで定めるとしています（これが地位協定です）。

これだけを見ると、自衛隊と米軍の協力は、日本が侵略《しんりゃく》された際、第五条にもとづいて行われるように見えます。しかし実際には、自衛隊と米軍の協力は、日本が侵略される際だけではなく、いろいろな事態で進んでおり、第六条と関連して論じないと正しく問題を把握《はあく》できないように思うのです。では本論に入っていきます。

（1）日本の防衛とは何なのか

▽第五条で書かれていることの意味

第五条をよく見てください。日本防衛のための条項《じょうこう》と呼ばれますが、どんな場合のことを指すのでしょうか。第五条の前段にそれが書かれています。

自衛隊と米軍が行動するのは、「日本国の施政《しせい》の下《もと》にある領域《りょういき》における……武力攻撃《こうげき》」があった時だとされています。日本の領土に対する武力攻撃があった時ではありません。日本の領土の中には、北方領土や竹島など実際には外国が施政権[56]を行使している場所があり、そこへの武力攻撃は対象にしないということです。逆に、どの国の領土かで争いがあっても、日本が施政権を行使している尖閣諸島《せんかくしょとう》については、この条項を素直に読めば米軍も行動することになります。

同時に、「いずれか一方に対する武力攻撃」とあることにも注目してください。日本だけではなくアメリカに対する武力攻撃があった時も自衛隊と米軍は行動するのです。これは具体的には在日米軍基地に対する攻撃があった時ということです。在日米軍基地も日本の領土なので、そこへの攻撃は日本に対する武力攻撃とみなすということを意味しています。

なお、第五条の後段は、侵略《しんりゃく》に対して自衛隊と米軍がとった措置《そち》は、すべて国連安

56、施政権とは呼んで字のごとく、そこで政治を施す権利のことです。尖閣諸島の周辺で漁業をすれば課税されますし、その漁船を海上保安庁が守っているので、そういう場合、施政権が存在すると言います。北方領土や竹島とは違うところです。

保理に報告すべきこと、もし国連が日本の平和のために必要な措置をとれば、自衛隊と米軍の措置は終了すべきことを定めています。国連憲章第五一条がそのような規定をしているので、それをそのまま安保条約にも書いているのです。現在の国際関係において、たとえ建前ではあっても、国連憲章はもっとも上位にあることを意味しています。

▽在日米軍は日本を守らないという当事者の証言

このような第五条の規定にもかかわらず、在日米軍がいざという時に日本を守るのか、あるいは守らないのかという議論が戦後ずっと続いてきました。なぜそんな議論が出てきたのでしょうか。

一つには、在日米軍は日本防衛に充《あ》てられていないという種類の説明が、アメリカと日本の当事者から出ているからです。いくつか見てみましょう。

例えば古くは一九七〇年一月、アメリカのジョンソン国務次官は、上院外交委員会の秘密会でこう証言しています。

日本防衛の第一義的な責任は完全に日本側にある。われわれは地上にも空にも、日本の直接的な非核《ひかく》防衛に関する部隊は持っていない。今やそれは、完全に日本の責任である。

一九八二年、ワインバーガー国防長官も、上院歳出《さいしゅつ》委員会で次のように発言しました。

沖縄の海兵隊[57]は、日本の防衛には充てられていない。それは米第七艦隊《かんたい》[38]の即応《そくおう》海兵隊であり、同艦隊の通常作戦区域である西太平洋、インド洋のどの場所にも配備される。

日本側の証言も取り上げてみます。防衛大臣を務めたこともある久間章生《きゅうまふみお》氏は、「誤解を恐《おそ》れずに言うと、在日米軍はもう日本を守っていない」（『安保戦略改造論』）と述べています。

制服組の見解も見てみましょう。例えば、陸上幕僚長《ばくりょうちょう》だった冨澤暉《とみざわひかる》氏も、「『日本の防衛は日米安保により米国が担《にな》っている』と考える日本人が今なお存在する」として、「在日米軍は日本防衛のためにあるのではなく、米国中心の世界秩序《ちつじょ》（平和）の維持《いじ》存続のためにある」（安全保障懇話会《こんわかい》「安全保障を考える」二〇〇九年七月号）と表明しています。

57、アメリカは、陸海空軍とともに海兵隊を合わせた四軍の体制をとっている。三つの海兵遠征軍に分かれており、二つは米本土におり、一つが沖縄に駐留する。

58、アメリカ海軍は七つの艦隊を保有するが、そのうちハワイに司令部のある太平洋艦隊の指揮下にある。司令部である旗艦は横須賀にあり、西太平洋とインド洋を担当する。

▽日本だけの防衛か資本主義全体の防衛か

日米安保を批判し、在日米軍の撤退《てったい》を求める人々は、これらの発言をもって「日本を守らない米軍は撤退せよ」「日米安保をなくそう」と主張してきました。しかし、先に発言を引用した日本の当事者に対して、「では、在日米軍はいなくても日本の安全は保たれるか」と聞けば、「そうではない」と答えたでしょう。ここには、日本の安全とは何かという問題をめぐって、簡単には越《こ》えられない考え方の相違《そうい》が横たわっています。

第一章で詳《くわ》しく書いたように、戦後アメリカが世界中に米軍を展開したのは、社会主義に対抗《たいこう》して資本主義・自由主義の世界全体を守ろうとする立場からでした。もちろん、資本主義世界全体を守るのですから、それを構成する個々の国も守る対象ではあります。その意味では日本も守る対象なのです。しかし、世界に展開するどの部隊にどんな任務を与《あた》えるのかは、あくまで世界全体を考慮《こうりょ》して決めるわけです。

ですから、中東でアメリカが必要だと考える秩序が壊《こわ》されるような事態に直面すれば、日本にいる米軍も出動することになります。それは、日本防衛を軽視していると いうことではなく、世界秩序を維持することが個々の国の防衛にもつながると考えているからなのです。

このように説明されても、アメリカ主導のそんな秩序はいらないと考える人は、日米安保は日本を守らないと考えました。他方で、アメリカ主導の世界秩序の維持が日本の安全にも不可欠だとみなした人は、在日米軍の個々の部隊がどう運用されるかは別にして、日米安保が日本を防衛するという側面を重視したということです。

ただし、米軍の世界規模の展開が日本のために必要だとみなしたとしても、日本の憲法規定からして、戦争する米軍を助けるため自衛隊を海外に派遣《はけん》するわけにはいきません。そこで、自衛隊が米軍とともに行動するのは、在日米軍基地が武力攻撃を受けた時に限るというのが、安保条約第五条の考え方だったのです。

米ソの冷戦が続いていた当時、例えば中東で米ソにとっての有事が発生したとして、在日米軍が派遣されることは確実でした。そういう場合、極東ソ連軍も中東に向かうとともに、在日米軍の出動を阻止《そし》する行動に出たはずです。冷戦時のソ連は、在日米軍基地を標的にして核《かく》ミサイルで攻撃する準備をしており、北海道から地上軍を侵攻《しんこう》させる体制もとっていたとされます。そうやって世界のどこで米ソの戦争が起きても、在日米軍基地が攻撃されることになるので、その事態をこの第五条で日本への攻撃と同じだとみなすことによって、自衛隊もソ連軍との戦闘態勢《せんとうたいせい》に入ることが予定されていたわけです。[59]

59、極東に配備されたソ連の艦隊が外洋に出る際、宗谷、津軽、対馬の三海峡を通過しなければならず、日本はアメリカの戦略にとって不可欠だった。自衛隊が対潜哨戒機P３Cを一〇〇機も保有しているのも（米軍は世界で一〇〇機）、その一貫だった。一九八三年一月、中曽根首相（当時）が訪米した際、三海峡を日本防衛の一環としてコントロールすると発言した。

▽社会主義と資本主義の対立が今も軸なのか

社会主義に対抗して資本主義世界を守る、その一環《いっかん》として日本防衛を考えるという人々が多かったから、日米安保条約は成立したし、現在も維持されているのでしょう。しかし、すでに三〇年も前にソ連が崩壊《ほうかい》し、冷戦は終了《しゅうりょう》しました。社会主義の中国が代わって台頭しているし、米中「新冷戦」という言葉も生まれているので、基本的な構造には変化がないという人もいるでしょう。

しかし、第三章で詳しく論じますが、ソ連が掲《かか》げた社会主義がそれなりに世界の人々の支持を集めたのとは異なり、中国流《りゅう》の社会主義を支持する人は自由主義の世界ではほぼ皆無《かいむ》でしょう。中国が軍事力にまかせて現状を変更《へんこう》することは阻止しなければなりませんが、中国型社会主義が資本主義・自由主義を侵食《しんしょく》するような事態、冷戦時に心配されたような事態は現在では起こり得ません。

だからこそ現在、アメリカにとって、米兵の命をかけても中国と対決し、同盟国の利益を守るという動機が著《いちじる》しく低下しているのです。アフガニスタンでタリバン政権が復活すると分かっていても、米兵を完全撤退《てったい》させたこともそれを象徴《しょうちょう》しています。

こうした変化を踏《ふ》まえて、日本防衛の問題を深く考える必要があるでしょう。

（2）「極東条項」の持った意味は何か

▽第六条が規定していること

　第六条を見てください。米軍が日本に基地を置き、それを使用することを認める条《じょう》項《こう》です。何のために使えるかと言えば、「日本国の安全に寄与《きよ》」するためと、「極東における国際の平和及《およ》び安全の維持に寄与」するためとされています。このうち、日本の安全のために使用するのは当然のことですが、極東の安全のために米軍に基地を提供する意味を考えてみましょう。

　これまで論じてきたように、第二次大戦後の軍事同盟は、個々の国を守るというよりも、資本主義も社会主義もそれぞれの勢力圏《せいりょくけん》を守るものでした。NATO条約は、北大西洋条約機構という名前が示すように、まさに北大西洋における資本主義の勢力圏を守るためにつくられます。

　アメリカは、日本を含《ふく》む西太平洋地域における同盟国を結集し、同様の機構をつくろうとしましたが、ヨーロッパと同じようにはできませんでした。日本が自衛隊を海外に派遣《はけん》するのは憲法規定からできませんでしたし、オーストラリアなどは自国を侵《しん》略《りゃく》した日本と一緒になって軍事同盟をつくることを拒否《きょひ》します。そこでアメリカは、西太平洋地域ではいくつもの軍事同盟[60]を張り巡《めぐ》らせることにしたのです。

60、フィリピンとの間では米比相互防衛条約（一九五一年）、オーストラリアとニュージーランドを対象としたアンザス条約（五一年、ニュージーランドは事実上の脱退）、韓国との間では米韓相互防衛条約（五三年）、中華民国（現在の台湾）との間で米華相互防衛条約（五四年、八〇年に本土の中国政府と国交を持ったため失効。

しかし、日米安保条約が日本だけを守るという規定になってしまっては、西太平洋地域における勢力圏を守るというアメリカの目的は達成されません。そこで考えだされたのが第六条であり、米軍が日本に限定されないで軍事行動をできるような規定を置いたのです。けれども、西太平洋全域での米軍の行動を認めるとなると、さすがにそれが日本の利益とどう関《かか》わっているのかという疑問が強まります。そこで極東地域に限定して米軍の行動を許すという現状の規定となったのです。なお、第六条を素直《すなお》に読めば、この地域で行動するのは米軍であって自衛隊ではないのが常識でしょう。

▽「極東」とは何か

では「極東」とはどこを指すのか。政府は国会で次のような統一見解を示しました（一九六〇年二月二六日、最後の括弧《かっこ》内は現時点での読み替《か》え）。

一般的《いっぱんてき》な用語としてつかわれる「極東」は、別に地理学上正確に画定されたものではない。しかし、日米両国が、条約にいうとおり共通の関心をもっているのは、極東における国際の平和及《およ》び安全の維持《いじ》ということである。この意味で実際問題として両国共通の関心の的となる極東の区域は、この条約に関する限り、在日米軍が日本の施設《しせつ》及び区域を使用して武力攻撃《こうげき》に対する防衛に寄与《きよ》しうる区域である。かかる区域は、大体において、フィリピン以北並びに日本及びその周辺の地域であって、韓国《かんこく》及び中華民国《ちゅうかみんこく》の支配下《しはいか》にある地域もこれに含まれている。（「中華民国の支配下にある地域」は現在は「台湾《たいわん》地域」と読み替えられている。）

要するに、フィリピン、韓国、中華民国（現在の台湾）という、この地域にあるアメリカの同盟国のために在日米軍が行動するのを認めたということです。これらの国（地域）は、日本にとっても友好国であり、「両国共通の関心」があるので、日本としても米軍の行動を認めようということです（ただし、中華民国から中華人民共和国へと国連の代表権を持つ国が入れ替わったので、台湾は同盟国以前に「国」ではなくなりました[61]）。

「両国共通の関心」のある地域という言葉が示すように、日本は「関心」を持っているのであって、条約は極東における米軍の行動が日本の平和にとって不可欠だという立場をとっているわけではありません。実際、当時の日本政府、自民党の中でも、のちに首相となった中曽根康弘《なかそねやすひろ》氏が語ったように、「（極東条項によって）むこうの紛《ふん》争《そう》が渡《わた》り廊下《ろうか》を通って日本へ入ってくる危険性がないとはいえない」（拓殖《たくしょく》大学『総長講演集』Ⅱ）という危惧《きぐ》がありました。極東で米軍が行動すれば、自衛隊がそれに関与《かんよ》しなくても、相手国が出撃《しゅつげき》基地である日本に対して反撃《はんげき》してくる可能性があるので、日本が戦場になってしまうという危惧です。同盟を組むということは、常にそういう「巻《ま》き込まれる」危険を孕《はら》んでいるのです。

61、第二次大戦後の内戦で中華人民共和国が本土を支配し、中華民国は台湾に移った。両国ともやがて自分が全土を支配するとして「中国は一つ」の立場だった。当時、国連の代表権は中華民国にあり、米日ともそれを承認していたが、七〇年代半ば、本土の政権を正統な政権とみなすようになり、「中国は一つ」の立場から、中華民国を国とする扱いはしないことになった。

しかし、その後の日米同盟は、極東の範囲がどんどん広がっていくという経過をたどりました。また、自衛隊の任務も、日本防衛にとどまるのではなく、米軍への協力をどんどん拡大する方向へと向かいました。その経過を見てみましょう。

▽極東からベトナムへ、中東へ

米軍の行動範囲《はんい》が極東に止まらないという現実は、安保条約成立後すぐに表面化しました。アメリカがベトナム戦争に本格的に関与《かんよ》したからです。

アメリカは、フランスに代わって一九五〇年代後半からベトナム戦争に関与し始め、六〇年代初頭からは本格的な武力介入《かいにゅう》に乗り出します。最大時で五〇万人、のべ二四〇万人を超《こ》える兵士を派遣《はけん》し、第二次大戦で世界で使われたよりはるかに大量の爆弾《ばくだん》を投下したとされます。「核兵器《かくへいき》以外はすべて使われた」と言われたように、生物・化学兵器など残虐《ざんぎゃく》な兵器が好き放題に使われ、一〇〇万人を超えるベトナムの人々が犠牲《ぎせい》になりました。この時に使われた枯葉剤《かれはざい》の影響《えいきょう》は、戦争が終わって半世紀が経《た》っても問題になり続けています。

当時、「日本なくしてベトナム戦争なし」という言葉が使われました。日本（アメリカの施政権下《しせいけんか》にあった沖縄《おきなわ》も）からは米軍の戦闘機《せんとうき》が飛び立ち、修理を終えた戦車が運び出されるなど、日本はまさにベトナム戦争を遂行《すいこう》するためのアメリカの出撃拠点《しゅつげききょてん》となっていたのです。
しかし、安保条約の極東条項の解釈《かいしゃく》を見ればわかるように、ベトナムは極東の範囲《はんい》には含まれていません。国会でも当然のこととして問題になりました。政府は、先ほど引用した統一見解には以下の後半部分があると説明します。

新（安保）条約の基本的な考え方は、右のとおりであるが、この区域に対して武力攻撃が行われ、あるいは、この区域の安全が周辺地域に起こった事情のため脅威《きょうい》されるような場合、米国がこれに対処するため執ることのある行動の範囲は、その攻撃又は脅威の性質いかんにかかるのであって、必ずしも前記の区域に局限されるわけではない。

極東の「周辺地域で起こった事情」で極東が脅威にさらされる場合、米軍の行動範囲は極東に「局限されるわけではない」というのです。アメリカは当時、ベトナムが共産主義になれば周辺国も共産化してしまうと危惧《きぐ》していましたが（いわゆる「ドミノ理論[62]」）、それを日本流に言い直して、米軍の行動範囲が拡大するのを認めたのです。
しかし、これを米軍の「出動」であり、日本は米軍の「出撃拠点」であると認めてしまうと、極東有事の際の米軍出動と変わりがないことになります。そこでその後の政府は、米軍が極東より遠い地域に出動する場合、それは出動ではなく「移動」であ

62、ドミノとはもともと室内ゲームであり、二八個の牌を使うが、この牌を並べて倒すと将棋倒しのように次々と倒れていくことから、この名前がつけられた。

る、移動した先で改めて出動するのだという論理を採用することになりました。

この結果、在日米軍の出動範囲は、極東周辺にとどまらず、限りなく広がることになります。二一世紀になり、在日米軍がアフガニスタン戦争やイラク戦争の際にも出撃したことは、その象徴《しょうちょう》でしょう。

これを正当化するのかしないのかは、それぞれの人がとる立場によって異なるでしょう。ただし、日米安保条約の文面を修正することなく、政府の解釈で物事を進めていくやり方は、国民の間で議論を熟成して合意をつくることにはならず、再考すべきだと思います。

▽在日米軍の違法な出動も認めるのか

この問題でもう一つ大事なことは、米軍のどんな出撃の場合も、どんな戦争の場合も、日本は極東条項を根拠として認めるのかということです。アメリカが違法《いほう》な戦争に乗り出す場合は認めないという規範《きはん》はもつべきでしょう。日本政府も、先ほどから引用している統一見解の最後の部分では次のように述べています。

しかしながら米国の行動には、基本的な制約がある。すなわち米国の行動は常に国際連合憲章の認める個別的又は集団的自衛権の行使として、侵略に抵抗するためにのみ執《と》られることになっているからである。またかかる米国の行動が戦闘行為《せんとうこうい》を伴《ともな》うときはそのための日本の施設《しせつ》の使用には、当然に日本政府との事前協議が必要となっている。そして、この点については、アイゼンハウァー大統領が岸総理大臣に対し、米国は事前協議に際し表明された日本国政府の意思に反《はん》して行動する意図のないことを保証しているのである。

このうち事前協議の部分はあとでまとめて取り上げます。前半部分では、極東条《じょう》項《こう》を根拠《こんきょ》にして米軍が出撃《しゅつげき》するにしても、無制限ではないこと、アメリカの行動が国連憲章第五一条に合致《がっち》していて、侵略《しんりゃく》に抵抗《ていこう》する場合だけだとされています。この見解は本当に守られているのでしょうか。

国連憲章第五一条は、「武力攻撃」があった時だけ自衛権（個別的も集団的も）が発動できるとしています。武力攻撃というのですから、それなりの武装をした軍隊が他国に侵入《しんにゅう》し、国土を破壊している様がイメージできます。

しかし、例えばベトナム戦争は、ベトナムの人々が独立を宣言したのに対して、植民地として維持《いじ》することを狙《ねら》ったフランスが、南部に傀儡《かいらい》国家をつくったのが始まりでした。その戦争をフランスから受け継《つ》いだアメリカは、戦争の合法性を説明するのに苦しみ、六五年、「北ベトナムに対するアメリカの行動の法的基礎《きそ》」という国務長官の覚書を公表します。これは、北ベトナムから南の人々に与《あた》えられる軍事援助《えんじょ》が「武力攻撃」にあたるという説得力のないもので、アメリカの著名な法律家団体からも批判されました。実際、アメリカの戦争は世界中から批判され、国内からも批判され、米軍は結局、撤退《てったい》を余儀《よぎ》なくされるのです。

ところが日本は、アメリカ政府が合法だと言い訳していることだけを根拠にして、アメリカの戦争を支持し続けます。日本がその出撃拠点《しゅつげききょてん》となっていることも容認《ようにん》するのです。

それだけではありません。これまで日本は、アメリカの戦争に一度たりとも反対したことのない世界で唯一《ゆいいつ》の国です。一九九七年のことですが、橋本龍太郎《りゅうたろう》首相（当時）は、国会で、「戦後、アメリカが世界各地でおこなった武力行使のなかで日本がそれに批判的立場をとったケースが一回でもありましたか」と質問されました。橋本氏は、悔《くや》しそうに、こう答弁しました。

「第二次世界大戦後、わが国が国連に加盟いたしまして以来、わが国は米国による武力行使にたいし国際法上違法《いほう》な武力行使であるとして反対の意を表明したことはございません」（衆院予算委員会、一〇月七日）

▽対テロ戦争の結末が示す同盟の問題点

果たしてそんなことでいいのか。それが日本にとってもアメリカにとってもいいこ

63、二〇〇一年九月一一日、オサマビンラディンに指示されたアルカイダがアメリカの民間航空機を乗っ取り、世界貿易センタービルなどに突入し、約三〇〇〇人が死亡した。史上最大のテロ事件として記憶される。アメリカは、アルカイダを匿っていたとして、アフガニスタンのタリバン政権を打倒する戦争を行った。

となのか。それが問われたのが、二一世紀になって戦われたアフガニスタン戦争、イラク戦争でした。

二〇〇一年九月一一日、アメリカに対する同時多発テロ事件[63]が発生し、約三〇〇〇人の人々が犠牲《ぎせい》になります。これに対してアメリカが自衛権の行使としてアフガニスタンのタリバン政権打倒《だとう》の戦争に乗り出し、NATO加盟国は集団的自衛権を戦後史上はじめて発動し、アメリカの戦争を支援《しえん》します。国連もまた加盟国が集団的自衛権を行使するのを認めていました。日本もインド洋上に海上自衛隊を派遣し、米艦船《べいかんせん》などに対する給油を行います。

さらにアメリカは二〇〇三年、イラクが大量破壊《はかい》兵器を秘密裏に製造しているとして、フセイン政権打倒の戦争を開始します。しかし、国連憲章は「武力攻撃」があった時しか自衛権の発動を認めていないのであり、同盟国のフランスやカナダ、イギリスなども戦争に反対しました。ところが日本は、アメリカの戦争には一度も反対しなかった伝統を受け継ぎ、やはりアメリカの戦争に賛成するとともに、自衛隊をイラクに派遣したのです。航空自衛隊を派遣して武装した米兵を輸送したことに関して、名古屋高裁は「憲法違反」という判決[64]を下し、その判決が確定しています。

この戦争の評価にはいろいろあるでしょう。日本が自衛隊を派遣したことについてもです。しかし、この戦争が世界を安全にしたかというと、否定的な評価が常識です。イラク戦争の結果、イスラム国（IS）を名乗るテロ集団が中東を席巻《せっけん》し、ヨーロッ

64、判決が下されたのは二〇〇八年四月二七日。米軍など多国籍軍の武装した兵員を運ぶ活動は、武力行使と一体化したもので、日本自身も武力行使をしたとの評価を受けざるを得ず、憲法九条一項の武力不行使原則に反するとした。憲法前文の平和的生存権も、九条に違反する戦争遂行に荷担させられる場合などに、裁判所に救済を求める根拠になり得るとした。

パの若者も多く参加することになりました。アフガニスタンでは、戦争開始から二〇年を経て、アメリカが戦争で倒《たお》したはずのタリバンが復活し、アメリカは抵抗《ていこう》しきれなくなって全軍を撤退させ、タリバンの政権復帰が現実のものとなりました。

つまり、アメリカの戦争は平和をもたらさなかったのです。それどころか世界に混迷《こんめい》をもたらした面があるのです。それでも日本は、日米同盟があるからどんな戦争でもアメリカを支持するという態度を、これからも未来永劫《みらいえいごう》続けるのでしょうか。同盟国であるからこそ、真の友人であるからこそ、間違《まちが》った戦争にはノーと言う選択肢《せんたくし》を持つべきではないのでしょうか。日米安保条約をこれからも維持《いじ》するなら、真剣《しんけん》に考えなければならない問題です。

65、一九七四年に国連総会は「侵略の定義」と題する決議を採択した。そこでは、侵略に該当する行為として、「一国の軍隊

（3）事前協議はなぜ守られないのか

日米安保条約には、アメリカが在日米軍基地を使用するに際して、ノーと言える仕組みがあります。それが事前協議と言われるものです。

▽「岸・ハーター交換公文」による約束

在日米軍に基地の使用を許すのは、今では少なくない人が当たり前と思っているかもしれません。しかし、実はこれは日本の運命を左右する重みを持つ行為《こうい》なのです。米軍が戦争のために日本の基地から軍用機を発進させてある国を武力攻撃すれば、それは日本が同意した行為とみなされるので、相手国にとっては日本も戦争の相手だということになります[65]。報復のために米軍だけでなく日本の領土を標的《ひょうてき》にすることも考えられます。

ですから、アメリカの基地使用のうち、日本に重大な影響《えいきょう》を与《あた》えるものについては、日本の同意がなければならないというのが、主権国家同士の関係としては当然です。どの国もそうしています。

ところが、旧安保条約下の日本は、アメリカがどんな部隊を日本に配備しても、どんな兵器を日本に持ち込んでも、あるいは米軍がどこに出動しても、日本側は何も意

による他国に対する砲爆撃」などを挙げている。同時に、「他国の使用に供した領域を、当該他国が第三国に対する侵略行為を行うために使用することを許容する国家の行為」も同列だとしている。日本がアメリカの「使用に供した」基地をアメリカが侵略のために使用し、日本がそれを「許容」すれば、日本もまた侵略したことになるという論理である。

見が言えない状態でした。アメリカは、日本に同意を求めるどころか、相談さえしていなかったのです。

さすがにそんな状態から脱出《だっしゅつ》したいと、旧安保条約下の日本政府は考えました。しかし、そういう考え方が条約の本体に盛り込まれることはなく、岸信介首相がアメリカのハーター国務長官宛《あて》に書簡を発出し、それをアメリカ側が受け取るという形式で合意されました（両者の名前をとって「岸・ハーター交換公文《こうかん》」と呼ばれます。一九六〇年一月一九日付）。そこでは次のように書かれています。

合衆国軍隊の日本国への配置における重要な変更《へんこう》、同軍隊の装備における重要な変更並びに日本国から行なわれる戦闘《せんとう》作戦行動（前記の第五条の規定に基《もと》づいて行なわれるものを除く。）のための基地としての日本国内の施設《しせつ》及び区域の使用は、日本国政府との事前の協議の主題とする。

これが事前協議と呼ばれるものです。①配置における重要な変更、②装備における重要な変更、③戦闘作戦行動の実施《じっし》という三つの問題が対象になりました。

当たり前のことを書いているように見えますが、本来なら事前の「合意」の対象にすべきものであって、「協議」さえされればよしとするのでは、主権国家としてふさわしくありません。そんな批判を受けて、この同じ日に合意された日米共同声明の中で、「(アメリカは) 日本国政府の意思に反《はん》して行動する意図のないことを保証した」という文言が盛り込まれます。

これが実際に機能しているなら歓迎《かんげい》すべきことです。しかし、安保条約が締結《ていけつ》されてから現在まで、この三つに該当《がいとう》するような行為《こうい》はいくつもありましたが、これまで一度も協議が実施されたことさえありません。三つの問題ごとに具体的に見てみましょう。

▽①米軍の我が国への配置における重要な変更

配置における重要な変更というだけでは、どんなものかが分かりません。そこで日本政府は国会で、「陸上部隊の場合は一個師団程度、空軍の場合はこれに相当するもの、海軍の場合は、一機動部隊程度の配置をいう」と説明してきました。

では、これまで一度も協議がされなかったということは、この説明に該当するような部隊配置の変更はなかったのでしょうか。そんなことはありません。

例えば大きなものとしては、一九七三年、横須賀《よこすか》にアメリカの空母（航空母艦《こうくうぼかん》）ミッドウェーが配備され、その母港として使用されはじめたことがあげられます。それまでアメリカの空母の母港は、どの海域を担当するものであれ、すべて米本土に置かれていましたから、横須賀への配備は日本の基地がアメリカの戦略の中で特別に重視されたことを意味していました。

空母の母港となるというのは、大きな船が一つやってくるという程度のものではありません。航空母艦という正式名称《めいしょう》が示すように、それは戦闘機《せんとうき》や攻撃機《こうげきき》など多数の航空機を搭載《とうさい》し、戦域《せんいき》に派遣《はけん》されます。その空母のまわりには多数の巡洋艦《じゅんようかん》、駆《く》逐艦《ちくかん》、補給艦《ほきゅうかん》などが随伴《ずいはん》して航行します。まさに政府が国会で答弁した「機動部隊」なのです。

部隊が大きいというだけではありません。この空母を中心とするアメリカの第七艦《かん》隊《たい》は、ハワイからインド洋までの西太平洋全域を担当しており、中国と東南アジア諸国との間で争いのある南シナ海も含《ふく》まれます。そこにどんな部隊を配置するのかは、③の戦闘《せんとう》作戦行動がどんなものになるかもかかわって、日本の平和と安全にかかわる重要な問題です。

▽②我が国の領域内にある米軍の装備における重要な変更

「装備の変更《へんこう》」について政府は国会で、「核弾頭及《かくだんとうおよ》び中《ちゅう》・長距離《ちょうきょり》ミサイルの持込み並びにそれらの基地の建設をいう」と答弁してきました。日本には非核《ひかく》三原則[66]があるので、核兵器や核を搭載するミサイルを持ち込まないのは当然のことです。

ところが、事前協議制度が発足《ほっそく》して以降、アメリカの政府や軍の高官から、日本に

66、「核兵器を持たず、作らず、持ち込ませず」とするもので、一九七一年、佐藤栄作首相が表明した。七六年、NPT条約の最多雨後に、衆議院外務委員会が「非核三原則が国是として確立されている」とする付帯決議を採択した。その後、これを「国是」(国全体が正しいと認めた政策)とする考え方が定着している。

核兵器を持ち込んでいるとの証言が相次ぎました。核兵器を搭載したアメリカの潜水《せんすい》艦《かん》が西太平洋からハワイに戻《もど》る途中《とちゅう》で日本に立ち寄る際、どこかで核兵器を降ろすことなどあり得ないことなので、説得力がありました。

しかし日本政府は、アメリカから事前協議の申し出がない以上、核兵器は持ち込まれていないと確信していると答弁をくり返すだけでした。ワンパターンとはこのことです。

二〇〇九年、自民党政権を打倒《だとう》して誕生した民主党政権は、外務省の過去の文書を精査し、この問題で「密約」があったことを公表しました。事前協議に関して「討議の記録」なる非公開の文書を作成し、藤山愛一郎外相《ふじやまあいいちろうがいしょう》とマッカーサー駐日《ちゅうにち》米大使が頭《かしら》文字《もじ》（HとM）で署名し、事前協議の例外をつくっていたのです。「討議の記録」は次のような内容でした（外務省訳）。

a　「装備における重要な変更《へんこう》」とは、中・長距離ミサイル及びかかる兵器の基地建設を含め、核兵器の日本への持込み（introduction）を意味すると解《かい》され、例えば核弾頭を装備していない短距離《たんきょり》ミサイルを含む非核兵器の持込みはこれに当たらない。

b　「戦闘《せんとう》作戦行動」は、日本から日本以外の地域に対して行われる戦闘作戦行動を意味する。

c　「事前協議」は、米軍とその装備の日本への配置、米軍機の立入り（entry）及び米国艦船の日本領海や港湾《こうわん》への立入り（entry）に関する現行の手続に影響《えいきょう》を与えない。

d　米軍部隊の日本からの移動については事前協議の対象にならない。

このうちaだけを見ると、それまで政府が国会で答弁してきたのと同じでした。しかし、そこにはcという抜《ぬ》け穴《あな》があったのです。

普通《ふつう》の常識のある人は、アメリカが核兵器《かくへいき》を搭載《とうさい》した軍用機を日本に飛来させ、あるいは同じくそのような艦船を日本に寄港させることを、まさに核兵器の「持ち込み」だと認識しています。そういう場合は持ち込みに当たるので、当然のこととして事前協議の対象になると思うのです。ところが、日米の密約では、持ち込みとは核基地の建設など恒久的《こうきゅうてき》なものに限るのであって、一時的なものは持ち込みではなく「立入り」だとして例外扱《あつか》いしていたのです。

日本政府は、その後にアメリカの戦略が替《か》わり[67]、航空機や潜水艦等に核兵器を搭載しなくなったので、この合意にかかわらず核兵器が持ち込まれることはないと説明しています。アメリカの戦略が替わったのは事実ですが、一度替わるということは、またもとに戻《もど》る可能性もあるということです。トランプ氏が大統領だった時代、中距離ミサイルのアジアへの配備を主張していたことも思い出されます。非核三原則を維持

67、一九九一年九月、アメリカのブッシュ（父）大統領は、地上配備型の戦術核兵器の撤去、海上配備の戦術核ミサイルの撤去を宣言した。それにより、平時にアメリカの核搭載艦船が日本に寄港するなどの事態はなくなったというのが日本政府の見解である。

しようとするなら、密約を廃棄《はいき》する正式の手続が必要でしょう。

なお、この密約は、一九六〇年の新安保条約締結《ていけつ》に伴《ともな》うものでした。核持ち込みをめぐる密約としては、六九年に沖縄返還《へんかん》を合意した際のものがあるとされ、返還交渉の密使としてアメリカに派遣された若泉敬氏が、その遺著『他策ナカリシヲ信ゼムト欲ス』（文藝春秋《ぶんげいしゅんじゅう》、二〇〇九年）で明らかにしています。沖縄返還後に重大な緊急《きんきゅう》事態が生じた場合、アメリカが核兵器を沖縄へ持ち込む事前協議を提起した場合、日本側はそれを承認《しょうにん》するという「合意議事録」が、佐藤栄作首相とニクソン大統領の間で交《か》わされたというものでした。

民主党政権による密約解明過程で、その「合意議事録」が佐藤元首相の家宅に残されていると報道され、外務省の調査チームが入手して若泉氏の著著に掲載《けいさい》されたものと比較《ひかく》したところ、ほぼ同一の内容だったということです[68]。ただし同じものは外務省からはまだ発見されていません。

∇③我が国から行なわれる戦闘作戦行動

この問題で事前協議が行われてこなかった理由も、先ほど引用した密約で理解できます。ベトナム戦争などに在日米軍が出動しているのに、日本政府はそれを「出動」ではなく「移動」だと言い張ってきたことを紹介《しょうかい》してきましたが、そういうやり方で

68、この結果をふまえ、外務省の指示で核密約問題を調査してきた有識者委員会は、広義の密約があったとする調査結果を報告した。それを受けて政府も、密約はなかったとする過去の政権の見解を改めた。

国民世論をかわすことも密約で日米が合意済みだったということです。「d　米軍部隊の日本からの移動については事前協議の対象にならない」という部分です（傍点《ぼうてん》は引用者）。

ただし、朝鮮《ちょうせん》半島有事での出動についていうと、それを「移動」と言い張ることが困難だという認識が日米両政府にあったようです。アメリカは、朝鮮半島有事は緊急に生じてくるので、事前協議をしている時間はないという立場でした。一方の日本は、だからといって事前協議なしでいいと約束することはできなかった。

この問題を日米両国政府の関連文書で解明したのが坂元一哉《かずや》氏（大阪大学教授）です。坂元氏によると、両国政府は、新条約で協議の場として設けられる日米安全保障協議委員会の最初の会合で事前協議を行い、将来、朝鮮半島で有事が発生したら、あらためて協議することなく米軍の出動を認めることで合意したそうです（「安保改定と事前協議――「朝鮮議事録」は「密約」か」『阪大法学』第六三巻、三・四号）。

▽日本国民が核兵器で他国を壊滅するのかという問題

最後に、核持ち込み問題に戻ります。日本の非核三原則に反してアメリカが核兵器を持ち込み、日本政府がそれを密約で容認していたというと、この問題は約束違反《いはん》の問題であるかのように見えます。もちろん、そういう面はあります。

しかし、よく考えてほしいのは、アメリカが核を持ち込み、日本がそれを容認するのは、日本が有事になる場合、いざという時には核兵器を使って日本を守るという行為に及ぶためです。世界で唯一《ゆいいつ》の戦争被爆《ひばく》国の国民として、果たしてそれを望むのでしょうか。

「核《かく》の傘《かさ》」という言葉があります。この言葉だけを見ると、アメリカが傘を広げてくれているので、日本をねらう他国の核兵器が傘の下にいる日本には落ちてこないというイメージです。しかし、第一章で見たとおり、核抑止力《かくよくしりょく》というのは、いざという時には核兵器を使って相手国を壊滅《かいめつ》すると威嚇《いかく》することで成り立っています。その威嚇が破れれば核爆弾《かくばくだん》を実際に相手に投下するのです。これを言葉で表現すれば、「核の傘」というよりも「核の槍《やり》」のほうが適切でしょう。

つまり、核持ち込みをめぐる事前協議は、日本国民がアメリカ政府に対して、「いざという時には相手国を核兵器で滅《ほろ》ぼしてほしい」と頼むことです。核抑止力なり核の傘なりに賛成するにせよ反対するにせよ、そういう問題であることを自覚した上で、自分の態度を決めるべきではないでしょうか。

（4）日米防衛協力の指針はどう変遷したか

第五条、第六条は日米安保条約の中核的《ちゅうかくてき》な条項です。それをどう具体化するのかということは、有事に自衛隊と米軍がどう行動するのか、どう協力するのかという問題ですから、軍事的にも政治的にもハードルが高い問題でした。それぞれの国の憲法問題ともからみますし、世論の支持を得られるかという問題もあります。とはいえ、安保条約が締結《ていけつ》されてから六〇年が経《た》ち、多くの合意がつくられました。その経過を見ながら、問題点を考えていきましょう。

▽一九七八年のガイドライン

日米の防衛協力のあり方が最初に定められたのは一九七八年のことです。一九六〇年に安保条約が締結され、第五条で「共通の危険に対処する」ことが決まったのに、それから一八年もの時間がかかったのは、自衛隊側の防衛能力が十分ではなかったことや戦争を嫌《きら》う国民世論への配慮《はいりょ》があったからでしょう。

この合意は「日米防衛協力の指針」（七八年版）という名称です。「指針」の英語名《めい》称《しょう》をとって「ガイドライン」とも呼ばれるもので、日米安全保障協議委員会の下にある「防衛協力小委員会」で合意されました。日本からは外務省北米局長、防衛省防衛政策局長、統合幕僚監部《ばくりょうかんぶ》[69]の代表らが、アメリカからは国務次官補、国防次官補、在日米大使館、在日米軍の代表らが参加します。

七八年ガイドラインとは、一言で言えば、条約第五条の具体化です。三つの部分に分かれています。

第一は、「侵略《しんりゃく》を未然に防止するための態勢」です。日本側は自衛のための防衛力を保有し、その効率的な運用を確保し、米軍には基地の効果的な使用を確保するとしています。またアメリカは、核抑止力《よくしりょく》を保持するとともに、有事に即応《そくおう》できる部隊を前方展開することなどを約束しています。自衛隊と米軍が有事に共同作戦を遂行《すいこう》できるよう、平時において訓練を実施《じっし》することも決まりました。日米共同演習が行われるようになったのは、これ以降です。

第二は、「日本に対する武力攻撃《こうげき》に際しての対処行動等」です。日本が武力攻撃を受けた際、「日本は、原則として、限定的かつ小規模な侵略を独力で排除《はいじょ》する」とされています。独力では排除できない場合、「米国の協力をまって、これを排除する」のです。また、「自衛隊は主として日本の領域及びその周辺海空域において防勢《ぼうせい》作戦を行い、米軍は自衛隊の行う作戦を支援する。米軍は、また、自衛隊の能力の及ばない機能を補完するための作戦を実施する」とされました。自衛隊の対応が基本であって、アメリカは「補完」であるということです。

第三だけは第五条ではなく第六条関係であり、「日本以外の極東における事態で日

69、陸海空の自衛隊に陸上幕僚監部、海上幕僚監部、航空幕僚監部という幕僚（参謀）部があるが、それらを一体的に運用することを目的とした防衛省の特別の機関。外国では統合参謀本部と呼ばれることが多い。

本の安全に重要な影響を与える場合の日米間の協力」として、「極東」という言葉が使われていることからも明らかです。第六条は、アメリカが日本の基地を使用することは定めていますが、日本の役割として書かれているのは基地の提供であって、自衛隊が米軍に協力することは想定されていません。しかし、アメリカは自衛隊の協力を求めており、このガイドラインでは「米軍に対し行う便宜《べんぎ》供与《きょうよ》のあり方について」研究することだけが決まりました。

▽一九九七年のガイドライン

七八年のガイドラインは、基本的にはソ連とどう戦うかに主眼が置かれていました。北海道からソ連の陸軍が上陸したり、日本の周辺海域をソ連の潜水艦が有事に航行する際、自衛隊と米軍がどう戦うかというものでした。

しかし、冷戦の終結とソ連の崩壊《ほうかい》に伴《ともな》い、七八年ガイドラインを支えていた前提が崩《くず》れます。日本政府内部にも、日米安保条約は維持するものの、もっと多角的に安全保障を考えるべきだという流れも生まれました。[70] それに対して、アメリカからは、日米安保を対ソ戦略ではなく「アジア・太平洋地域」の安定という角度から捉《とら》え直そうという動きが出てきます。

この局面で九三年、北朝鮮が核開発を進めていることが判明し、北朝鮮は五か国（米

70、一九九四年に成立した細川内閣は有識者による「防衛問題懇談会」を設置し、懇談会は八月に報告書を提出した。そこでは、今後の安全保障の三つの柱の第一番目に「多角的安全保障協力の推進（自衛隊の国連平和維持活動の強化、安全保障対話の推進）」があげられ、「日米安全保障協力関係の充実」は第二番目に位置づけられていた。

英ソ仏中）以外の核兵器取得を禁止したＮＰＴ条約からの撤退を宣言します。北朝鮮は韓国との会談の中で、「ソウルを火の海にする」などと発言し、緊張が高まりました。

アメリカは、朝鮮半島有事を現実のものとして想定し、大規模な部隊を日本に送り込む作戦を立案します。それを実施しようとすれば、日本の土地や建物の提供、民間の港や空港の提供、自衛隊の後方支援など合計一〇〇〇項目《こうもく》以上が必要だと、アメリカが日本政府に申し入れたとされます。しかし、七八年のガイドラインで極東有事での「便宜供与《べんぎきょうよ》」の研究は決まったものの、その後の具体化はされておらず、日本政府の中でようやく本格的な検討が開始されます。

九六年の日米首脳会談では、「日米安全保障共同宣言」が合意されますが、ここでは日米安保が「アジア太平洋」の安定のために必要だとされます。さらに、七八年のガイドラインを見直し、「我が国周辺の地域における我が国の平和及び安全に重要な影響を与える事態」（周辺事態）での日米共同対処の研究を行うことになります。

これを受けて合意されたのが、九七年の日米防衛協力の指針です。九七年ガイドラインの特徴《とくちょう》は、日米の役割を①平時、②日本有事、③周辺事態の三つに分類して日米協力の内容を具体化したことです。周辺事態では自衛隊が米軍に対して後方支援を行うことも明記しています。

七八年ガイドラインが日米安保条約と同じ「極東」という言葉を使っていたのに対して、その言葉はまったく使わないで「周辺事態」での日米協力を打ち出したことで、自衛隊の役割は極東という安保条約の範囲《はんい》を超えることになりました。

▽二〇一五年のガイドライン

現在、すでに一九九七年のガイドラインはお蔵《くら》入《い》りしており、日米のガイドラインは二〇一五年版になっています。その間、二〇〇一年九月の同時多発テロ事件を受けてアメリカがアフガニスタンのタリバン政権打倒《だとう》の戦争を行い、さらに二〇〇三年、イラクのフセイン政権打倒の戦争も進めました。自衛隊は前者ではインド洋上に海上自衛隊を派遣して米艦船への給油を実施し、後者では陸上自衛隊を派遣して復興支援活動を、航空自衛隊を派遣して武装した米兵の輸送を行いました。

日本周辺の安全保障環境《かんきょう》を見ると、中国がかつてなく軍事的にも強大化したことが特徴的な変化です。中国は、尖閣諸島《せんかくしょとう》周辺に常時公船を進入させたり、南シナ海では武力で東南アジア諸国に対して武力で現状変更《へんこう》を迫《せま》るなど、九七年時点とは異なる現実が生まれていました。

日本側にも大きな変化がありました。日本は戦後ずっと、日本を守るための個別的自衛権の行使はできるが、他国を防衛する集団的自衛権の行使はできないという立場をとってきました。[71] 憲法九条がそれを許していないからです。しかし二〇一四年、安《あ》倍《べ》晋三《しんぞう》内閣（当時）が閣議決定で集団的自衛権の一部を容認《ようにん》し、翌年にはそれを担保

71、政府は戦後の長い間、「①我が国に対する急迫不正の侵害があること、すなわち武力攻撃が発生したこと、②この場合にこれを排除するために他の適当な手段がないこと、③必要最小限度の実力行使にとどまるべきこと」を自衛権発動の三用件としてきた。集団的自衛権は「我が国に対する武力攻撃が発生した」場合ではないので認められないとしてきた。

するための新安保法制も出来上がりました。[72] 新ガイドラインはこうした変化を盛り込んだものです。過去のガイドラインと異なるのは以下の点です。

第一に、九七年ガイドラインにあった「平時」「日本有事」「周辺事態」の三区分はなくなり、「切れ目のない対応」として、あらゆる事態に対応することを決めています。周辺事態に該当《がいとう》する「日本の平和及び安全に対して発生する脅威への対処」では、「当該《とうがい》事態は地理的に定めることができない」とし、明確に地理的制約をなくしました。関連して、「日米同盟のグローバルな性質」がくり返し言及《げんきゅう》されています。イラクまで自衛隊が派遣されたことからは当然ですが、日米同盟の対象はいまや「アジア太平洋」でもないのです。

第二に、自衛隊と米軍の間で平時の同盟調整メカニズムを設置すると明確にしたことです。ＮＡＴＯや米韓《べいかん》同盟では加盟国による連合司令部が設けられており、軍隊はその司令部の下で活動することになっていますが、日米同盟の場合、米軍と自衛隊はそれぞれが独自に指揮するのが建前でした。九七年ガイドラインでは有事には両軍による調整メカニズムを設置するとしていましたが、それが平時からのものとなったのです。自衛隊と米軍の協力関係は飛躍的《ひやくてき》に強化されることになるでしょう。

第三に、自衛隊の米軍への協力も飛躍的に拡大したことです。集団的自衛権が限定的に行使できるようになったほか、米艦船等の武器や装備の防護、宇宙・サイバー空間等での協力なども定められました。

72、二〇一四年七月一日の閣議で政府は、「今後他国に対して発生する武力攻撃であったとしても、その目的、規模、態様などによっては、わが国の存立を脅かすことも現実に起こり得ます」として、「わが国と密接な関係にある他国に対する武力攻撃が発生し、これによりわが国の存立が脅かされ、国民の生命、自由および幸福追求の権利が根底から覆され（＊次頁へ続く）

日米安保条約ができた時、アメリカは自衛隊があらゆる分野で米軍の作戦に協力することを期待していました。しかし、日本国憲法の定めもあり、軍事を忌避《きひ》する国民感情もあり、安保条約で自衛隊の任務として書かれたのは、日本有事の際の米軍との協力だけでした。それから六〇年が経ち、安保条約は一行も変わらないのに、自衛隊の任務は驚くほどに拡大したのです。こうして六〇年前のアメリカの意図がようやく実現したけれども、現在のガイドラインは、安保条約の第五条にもとづくのか、それとも第六条なのか、それすらも分からない状態です。

▽安全保障を考える上で大事なこと

もちろん、北朝鮮の核・ミサイル問題、中国の覇権《はけん》主義的な動きなどは、直接に日本への侵略、武力攻撃に当たらない場合でも、地域の平和と安全を脅かすものです。日本が無関心であってはならず、何をするかは真剣《しんけん》に考えなければなりません。現在のガイドラインは、軍事的に完璧《かんぺき》なものをめざすという点で、一つの選択肢《せんたくし》ではあるでしょう。

しかし、軍事的に完璧なことが、政治的にも正しいというわけではありません。日米の防衛協力の今後を考えると、いくつか検討しておくべき問題があると思います。

一つは、相手国を上回る防衛力を整備することは選択肢ではあっても、それを見た

ある明白な危険がある場合において、これを排除し、わが国の存立を全うし、国民を守るために他に適当な手段がないときに、必要最小限度の実力を行使する」として集団的自衛権の一部容認を決定した。

相手もまた防衛力を整備するのであって、防衛力の強化というやり方は悪循環《あくじゅんかん》をもたらすのです。「安全保障のジレンマ」[73]とも呼ばれます。その悪循環に陥らないためには、相手国とどういう外交関係を築くのかを常に考えておかなければなりません。

二つ目。安全保障の世界では、「同盟のジレンマ」という言葉もよく使われます。軍事同盟には、「巻《ま》き込まれる恐怖《きょうふ》」と「見捨てられる恐怖」とがつきまとうことです。日本に即《そく》して言うと、「巻き込まれる恐怖」とは、アメリカとの関係を親密にして軍事協力を深めれば深めるほど、アメリカが戦争という手段に訴《うった》えた場合、日本もまた戦争の当事者にならざるをえないことを意味します。「見捨てられる恐怖」とは、どんなにアメリカに尽《つ》くしても、最終的にはアメリカは自国の国益を基準に判断するのであって、日本を助けてくれない場合があるということです。何千年もの同盟の歴史から生まれた言葉ですから、深くかみしめる必要があります。

三つ目。日本は安全保障の目標をどこに置くのかという問題です。日本が世界で第二位の経済力を誇《ほこ》っていた時期には、大国の一員として防衛力もふさわしく拡大する選択肢もあったでしょう。しかし、そういう時代は過ぎ去りました。国力が落ちているのに、身の丈《たけ》にあわない目標を持つことは、かえって国力を落とすことにつながります。大国同士の覇権《はけん》争いの中で、どちらかの大国につくという同盟の論理から少し距離を置き、争いを仲介《ちゅうかい》する中堅《ちゅうけん》国家として生きる選択肢も視野に入れるべきではないでしょうか。この問題は第三章でも詳《くわ》しく検討してみます。

73、ドイツ出身の国際政治学者ジョン・ハーツがこの言葉を最初に使ったとされるが、軍拡競争という言葉が普通に使われるように、敵対する国が軍備を拡張すれば自国もそれに優る軍備を持とうとするのは、歴史上、どこにでもあらわれた現象であった。

（5）地位協定の内容と問題点

▽地位協定とは何か

これまで述べてきたように、第六条の前段は、アメリカに基地の使用を認める規定です。それに続く後段は、そうやって日本に駐留《ちゅうりゅう》することになる米軍の「地位」について、旧安保条約とともにつくられた「行政協定[74]に替《か》わる別個の協定」で決められるとしています。こうして新安保条約とともにつくられたのが「日米地位協定」と呼ばれるものです。

「地位」という言葉は日常生活でもよく使われますが、軍隊の地位と言われてもなじみがないかもしれません。第一章で述べたように、第二次大戦後になって外国軍隊の平時における駐留が行われるようになったのですが、それまでは受入国の法律を適用していた軍隊に対して、特別な権利を与《あた》えたり、本来なら課すべき義務を免除《めんじょ》することが求められるようになったので、その特権・免除の総体を「地位」という言葉であらわすようになりました。

旧安保条約下の行政協定は、すでに紹介《しょうかい》した通り、日本には裁判権がまったく与えられないなど、主権国家同士の協定としてはずいぶんと不平等なものでした。日米地位協定になってその点はかなり改善され、文面だけを見ると五一年に合意されたNA

74、地位協定と異なり、行政協定は国会にかけられることがなかった。あまりに差別的な内容のため、国民に広く知られたくなかったからだとされる。

TO軍地位協定並みのものとなります。しかし、同じ文面でも解釈《かいしゃく》がかなり異なっています。また、NATO軍地位協定はNATO諸国共通の合意ですが、国ごとにも独自の協定があり、かつそれらは冷戦終了《しゅうりょう》後に改定されたりしているため、日米地位協定がNATO並みとは言えない状態が復活しています。

世論調査を見ると、安保条約を廃棄《はいき》するという世論は少数ですが、地位協定改定を求める世論は少なくありません。日本国民に対する被害《ひがい》が放置される現状が続くと、安保条約に対する世論が変化するかもしれません。安保条約の維持《いじ》を願う人々にとっても、地位協定をどうするのかは切実な問題なのです。

それらをふまえ、日米地位協定の特徴《とくちょう》と問題点を四点だけ論じておきます。詳《くわ》し知りたい方は、筆者の『〈全条項分析《じょうこうぶんせき》〉日米地位協定の真実』（集英社新書）などに目を通してください。

▽米軍による被害を生み出す「基地管理権」

日本で米軍基地のことが話題になるのは、主に「基地被害」という文脈だと思います。米軍機の騒音《そうおん》で悩《なや》まされる周辺の住民が訓練の差止を求めて裁判を起こしたり、米軍基地から発がん性の物質が外に流れ出たりすることが、メディアでたびたび報道されます。日本には現在、地位協定で使用を許された七八の米軍専用基地[75]が存在して

75、米軍専用基地の約七割が沖縄県に集中していることはよく知られている。しかも本土の基地はほとんどが国有地だが、沖縄では民有地も少なくなく、住民への被害も深刻である。

います。それ以外に自衛隊との共用基地[76]もあります。それらの基地がどう使われるかは、周辺住民の暮らしに大きくかかわるものです。

日本から使用の許可を受けた基地を米軍がどう使えるかを定めたのが、日米地位協定の第三条になります。行政協定の時代、この問題を定めた条項を見ると、米軍は「必要な……権利、権力及び権能を有する」と書かれていました。何でもできるということで、主権国家同士の取り決めとは思えないものでした。

地位協定になって、文面は大きく変わりました。「権利」という種類の言葉がすべて削除《さくじょ》されたのです。そして、米軍は「必要なすべての措置《そち》を執《と》ることができる」と変えられました。文面だけで判断すると米軍は権利を失ったようにも思えます。

ところが、地位協定をよく見てみると、米側の措置を日本側が制限できるような規定はありません。ましてや、日本側の同意がないと米軍が措置をとれないという規定もありません。日本側ができることとして書かれているのは、米側の求めがあったときに、「関係法令《ほうれい》の範囲《はんい》内で必要な措置を執る」ことだけです。米側の求めがあったら、それを可能にするような法律をつくりなさいと読めないことはありません。

実際に日本政府は、この条項で定められたことを「米軍の管理権」と呼んでおり、「権利」だという位置づけです。実体的には行政協定の時代と変わりないとしています。この結果、米軍には日本の法令が適用されず、どんなに騒音を出しても、どんなに有害物質を垂れ流しても、何の罰則《ばっそく》も与えられない状態が続いているのです。

76、米軍専用基地の面積は一九六〇年の約三三万五〇〇〇ヘクタールから二〇二〇年の二六万三〇〇〇ヘクタールに減少しているが、自衛隊との共同使用基地が増大しているため、両者をあわせた面積は、一九九〇年以降、ほとんど変化が見られない。

これに対してドイツは、冷戦終了後の一九九三年、駐留するＮＡＴＯ軍（中心は米軍）の地位を明確にするため、以前からあった補足協定を結び直しました。そこでは、「（基地の）使用に対しては、……ドイツの法令が適用される」と明記されています。

日本においても、地位協定が結ばれた当時は、米軍基地には日本の法令が適用されるという見解がありました。政府は地位協定を審議《しんぎ》した一九六〇年の国会で、「施設《しせつ》、区域は、もちろん日本の施政《しせい》のもとにあるわけでございまして、原則として日本の法令が適用になる、ただ軍の必要な限り、協定に基《もと》づいて個々の法令の適用を除外している」と答弁していたのです。

それから六〇年経《た》って、政府の見解は行政協定時代に戻《もど》ったかのようです。日本の地位協定のあり方は抜本的《ばっぽんてき》に見直す必要があります。

▽米軍による進入管制は世界でも異例中の異例

飛行機で旅行する方は多いですが、その飛行機同士が衝突《しょうとつ》しないよう、「管制」を受けていることはよく知られています。管制には三種類あって、飛行場を飛び立ったり、着陸する場合を「飛行場管制」といって、飛行場にいる管制官が行います。上空を安定的に飛ぶ飛行機の管制は「航空路管制」と呼ばれ、あらかじめ決められた管制機関が存在します。その中間部分で、航空路を外れて飛行場に向かったり、逆に飛行

77、全文は筆者も加わった「地位協定研究会」の『逐条批判　日米地位協定』に掲載されている。

場を飛び立って航空路に向かう場合の管制を「進入管制」と言います。進入管制は外国から飛んで来る飛行機が日本の領空に入ってくるのも許可します。

日本の場合、その進入管制のかなりの部分を、在日米軍が担《にな》っていることはご存じでしょうか。一つは横田空域と呼ばれる米軍横田基地の進入管制空域であり、東京、神奈川、静岡、山梨、長野、新潟などにまたがる空域です。羽田空港を出発し、北陸、中国、九州方面に向かう飛行機の大半は（その逆もですが）、米軍の許可がなければこの空域を通過できません。もう一つは、米軍岩国基地の進入管制空域であり、四国の西部から山陰《さんいん》の日本海沿岸まで広がっています。広島、高松、松山の各空港を離《り》発着《はっちゃく》する飛行機は、その管制を受けることを余儀《よぎ》なくされています。[78]

国際線のパイロットに聞いても、外国の空港に向かったり戻《もど》ってくる際、その国ではない別の国の軍隊の管制を受ける体験をした人は皆無《かいむ》です。米軍が日本の空を管制しているのは、まさに異常なことなのです。

出発点は理解できないではありません。日本は敗戦にともなってアメリカに占領《せんりょう》され、航空管制はすべてアメリカが行っていました。しかし、日本が独立しても、日本の管制官が能力を向上させても、横田と岩国の進入管制だけはアメリカが握《にぎ》り続けているのです。朝鮮戦争が法的には終了していないため、万が一の事態を懸念《けねん》してのことかもしれませんが、たとえそういう場合を想定しても、この異常は正されるべきでしょう。

78、二〇一〇年までは沖縄にも「嘉手納進入管制空域」と呼ばれる米軍の管制空域があった。返還はされたが、民間機にそれまで課せられていた飛行制限（離着陸の一〇キロの間は高度三〇〇メートルの低空飛行を余儀なくされる）が緩和されるのは米軍の嘉手納基地、普天間基地に所属する軍用機の飛行計画がない場合という条件付きである。

さらに問題だと感じるのは、そういう現実にどんな法的根拠《こんきょ》があるのか分からないことです。この問題は地位協定の第六条[79]が規定するとされていますが、このどこを読んでも管制をアメリカが行う根拠が見当たりません。そもそも地位協定では「管制」という言葉さえ使われていないのです。航空法など国内法に規定があるわけでもありません。政府が根拠として示すのは、あとで解説する日米合同委員会が合意したからというだけであり、法治国家としては何ともお寒い状況《じょうきょう》だと言わざるを得ません。

∇米兵犯罪が問題になる背景

米兵が事件、事故を起こした時の裁判権は第一七条に規定されています。第一章で紹介したように、公務中の場合はアメリカ側が、公務外の場合は日本側が裁くというものです。

これらの仕組みはＮＡＴＯと同じです。しかし、米兵の事件、事故は日本では大きな問題になりますが、ヨーロッパではそれほど報道されることはありません。なぜそうなるのでしょうか。

一つには、誰《だれ》が「公務中」と判断するのかということです。日本とアメリカの合意では、米軍の指揮官が公務中だという証明書を発行すれば、「反証のない限り」は公務中になると定めています。米兵が公務中だったかどうかについて、日本側が「反証」

79、「すべての非軍用及び軍用の航空交通管理及び通信の体系は、緊密に協調して発達を図るものとし、かつ、集団安全保障の利益を達成するため必要な程度に整合するものとする。この協調及び整合を図るため必要な手続及びそれに対するその後の変更は、両政府の当局間の取極によつて定める。」

を提出するのは、よほどのことがない限り困難です。そのため、なかなか日本側が裁判することになりません。[80]

二つには、日本側が裁判権を行使する公務外の事件、事故の場合、実際上は多くが裁判権を行使しない実態があることです。二〇一〇年、民主党政権が公開した過去の文書によって、その秘密が明らかになりました。行政協定の裁判権規定をNATO並にすることで合意した一九五三年九月直後の日米合同委員会の部会で、「日本にとって著《いちじる》しく重要と考えられる事件以外については第一次裁判権を行使するつもりはないと述べることができる」と日本側が声明して署名し、その議事録を秘密にすることで合意したというのです。この文書を公開した際、政府は「日本の一方的宣言であり、合意を構成したことは一度もなかった」と釈明《しゃくめい》しました。さすがに国民に公開するに際して、そんな密約があったとは言えなかったのでしょう。ただし、その後どうなったかを見ると、例えば二〇一九年の事件、事故で実際にどう扱《あつか》われたでは、起訴《きそ》したのが二二件で不起訴が五七件であり、起訴しない実態はあまり変化がないようです。

三つ目。「公務中」の事件、事故の場合、地位協定上ではアメリカが裁くことになっているのに、実際にはほとんどの場合、裁判（軍法会議[81]）が開かれていない実態があることです。例えば最近の二〇一五年から一九年まで、公務中の事件、事故は四三一件ありましたが、裁判が開かれたのは一件もありません。ほとんどが裁判を経ない懲《ちょう》戒《かい》処分で済まされています。「軽い」事件、事故なら仕方ない面もありますが、日本

80、それでも、勤務後に自宅に戻る途中で飲酒して自動車事故を起こした場合、二〇一一年までは「公の催事」で飲酒した場合は公務中とされてきたが、この年に例外規定が削除されるなど、改善された点もある。

81、日本国憲法は、「特別裁判所は、これを設置することができない」（第七六条2項）としているので、軍法会議のようなものは設置できない。

の場合、死亡者が出たような事件、事故の場合も裁判が開かれないできました。何とかして改める必要があるでしょう。

▽日米合同委員会の性格を明確にすべきだ

最後に、日米合同委員会について触《ふ》れておきます。これは、地位協定の実施《じっし》にあたって必要となるすべての事項《じこう》を協議する機関とされています。

合同委員会のような組織が必要であることはいうまでもありません。強大な軍隊が日本国の中で活動するわけですから、アメリカ側が「もっと便宜《べんぎ》を図《はか》ってほしい」と求める場合も、日本側が「こんなやり方はやめてほしい」と要求する場合も、何らかの協議機関が必要です。しかし、現在の合同委員会は、協議機関という性格をはるかに超える強大な権限を持っています。

すでに航空管制の箇所《かしょ》で論じたことですが、米軍による横田や岩国の進入管制空域での管制を実施する根拠となっているのは、日米合同委員会の合意ただ一つです。地位協定に書いているわけでもなく、そのための法律さえ存在していません。日米合同委員会が、国会や行政を超える権限を持って、決定機関になっているのです。

さらに大きな問題は、日本の主権や国民の権利に関わる決定を行っておきながら、その決定は基本的に公表されないことです。第一回目の会議でそう決定[82]したというの

82、「合同委員会の公式な議事録は両政府に関する正式な文書と見なされ、双方の合意がない限り公表されない。」

です。

そのため、合同委員会の合意がそもそも何件あるのかさえ不明です。沖縄で海兵隊員らによる少女暴行事件[83]が起きた際、政府は世論に押されて合意の総数は約四〇〇〇あること（公表しているのは約一〇〇〇）を国会で明らかにしましたが、今では総数も分からないという答弁で済ませています。

しかも、合同委員会の組織を見ると、日本側が外務省北米局長を代表とする各省庁の役人で構成されますが、アメリカ側の代表者は軍人（在日米軍副司令官）です。通常、外交交渉、外交協議というのは、どんな分野でも外交官が行うものであって、軍人と外交官が対等に交渉するなどあり得ません。そのため、協議機関というより、米軍の要望を日本側に伝え、実現するための機関になっているように思えます。この現状は即刻《そっこく》改めるべきでしょう。

83、一九九五年九月四日、海兵隊員二名と海軍軍人一名が、女子小学生（一二歳）を拉致した上でレイプした事件。起訴までは身柄はアメリカが拘束するという地位協定により、日本側に身柄が引き渡されず、大きな問題となった。裁判の結果、三人に対して懲役六年六か月から七年の実刑判決が言い渡され、確定した。すでに全員が刑期満了で釈放され、帰国している。

7、第七条――国連加盟国としての権利・義務の尊重規定

> この条約は、国際連合憲章に基《もと》づく締約《ていやく》国の権利及《およ》び義務又《また》は国際の平和及び安全を維持《いじ》する国際連合の責任に対しては、どのような影響《えいきょう》も及《およ》ぼすものではなく、また、及ぼすものと解釈《かいしゃく》してはならない。

日米安保条約が国連憲章の枠内《わくない》にあることを規定しています。第一条にも似たような規定がありましたが、第一条が国連憲章の基本精神である紛争《ふんそう》の平和的解決、武力の不行使を尊重することを明確にしているのに対して、第七条はより一般的《いっぱんてき》な規定です。

まず、安保条約があっても国連憲章にもとづく日本とアメリカの権利と義務には影響を与えないことが述べられています。さらに平和と安全のために行動する国連の責任にも影響しないことを明示しています。

安保条約が結ばれる三年前（一九五七年）、政府ははじめて刊行した「わが外交の近況《きんきょう》」（いわゆる「外交青書」）において、日本外交の三原則を打ち出しました。「国連中心主義」、「自由主義国との協調」、「アジアの一員としての立場の堅持《けんじ》」というものです。実際には国連が機能を発揮しないことを理由に、日本外交は大きく「日米基軸《きじく》」に傾《かたむ》

いていくのですが、当時は建前であっても国連が中心だと言おうという気構えがあったのです。冷戦が終了《しゅうりょう》した現在、改めて立ち返ってみることも必要かもしれません。

8、第八条――条約の批准と発効の手続き規定

この条約は、日本国及《およ》びアメリカ合衆国により各自の憲法上の手続に従つて批《ひ》准《じゅん》されなければならない。この条約は、両国が東京で批准書を交換《こうかん》した日に効力を生ずる。

日米安保条約の批准と発効の手続きが示されています。

条約は通常、政府の代表者が協議して内容を確定し、正式代表である全権委員が署名・調印します（安保条約は六〇年一月一九日）。さらに、それぞれの国の憲法規定にもとづき批准するのですが、日本の場合、国会で審議《しんぎ》を行い議決することで、条約を国家として承認《しょうにん》します（同六月一九日）。これを批准と呼びます。安保条約もこのプロセスで批准されました。

批准が済んで両国が批准書を交換したら（同二三日）、その日から安保条約は効力を持つ（発効する）というのが、第八条の定めです。日本の場合、この日、天皇が憲法で規定された国事行為《こくじこうい》として公布を行いました。

なお、安保条約が国会で承認されたと述べましたが、国民の反対闘争《とうそう》が広がる中で[84]（反対署名が一〇〇〇万人を越《こ》えたと言われます）、自民党が衆議院で強行採決に踏《ふ》み切っ

84、新安保条約に反対する国民の運動は、その後も含めて日本の歴史上で最大の闘争だったと言われます。反対署名は一〇〇〇万名分を超え、国会前のデモ参加者は最大で三三万人（警察発表で一三万人）にもなりました。衆議院での強行採決には自民党からも退席する議員がおり、元首相三人（石橋湛山、片山哲、東久邇稔彦）が岸首相に退陣勧告を行いました。

たため、さらに反対運動が高揚《こうよう》し、国会でも混乱が拡大します。その結果、安保条約は参議院では議決が行われず、自然成立することになります。

9、第九条――旧安保条約の失効を決める

千九百五十一年九月八日にサン・フランシスコ市で署名された日本国とアメリカ合衆国との間の安全保障条約は、この条約の効力発生の時に効力を失う。

新安保条約が発効すれば、旧安保条約が効力を失うという規定です。

旧安保条約は、すでにいくつも問題点を指摘《してき》しましたが、アメリカの態度次第《しだい》ではいつまでも存続するところも大きな問題でした。「この条約は、国際連合又はその他による日本区域における国際の平和と安全の維持のため充分《じゅうぶん》な定《さだめ》をする国際連合の措《そ》置《ち》又はこれに代《かわ》る個別的若《も》しくは集団的の安全保障措置が効力を生じたと日本国及びアメリカ合衆国の政府が認めた時はいつでも効力を失うものとする」（第四条）として、アメリカの同意がない限りなくすことができなかったのです。第九条でわざわざ旧条約の失効を規定したことには、旧安保条約の悪夢の時代を再現したくないという、日本政府の思いがにじみ出ているような気がします。

10、第十条——日本が通告すれば一〇年で廃棄できる

この条約は、日本区域における国際の平和及び安全の維持のため十分な定めをする国際連合の措置が効力を生じたと日本国政府及びアメリカ合衆国政府が認める時まで効力を有する。

もつとも、この条約が十年間効力を存続した後は、いずれの締約国《ていやく》も、他方の締約国に対しこの条約を終了《しゅうりょう》させる意思を通告することができ、その場合には、この条約は、そのような通告が行なわれた後一年で終了する。


旧安保条約に期限がなかったのに対して、明確な期限を定めた条項《じょうこう》です。

まず、日本を防衛するための国連の措置が効力があると両国が認めれば、安保条約は失効します。ただ、両国が認めることが条件であり、日本がそう思ってもアメリカもそう思わなければ失効することはありません。

しかし、その規定にかかわらず、条約が発効して一〇年が経って以降は、日本が条約を終了させるという意思を通告すれば、アメリカが同意しない場合でも、一年後には条約は終了するのです[85]（逆にアメリカが通告すれば日本の同意がなくても終了する）。

日米安保条約のもとでは、アメリカが同意しない限り、日本の求めが認められない

85、この条約規定を捉え、発効して一〇年を迎える一九七〇年を前に、再び七〇年安保闘争と呼ばれる運動が広がったが、一〇年前ほどの広がりは見られなかった。

場合が少なくありません。住民の安全に多大な影響を与える基地を返還《へんかん》してほしいと願っても、不平等な地位協定を改正したいと思っても、アメリカの同意がなければ実現しないのです。

けれども、日米安保条約をなくすという問題だけは、アメリカの同意が不要です。日本国民の多数がそれを願い、その願いを実現する公約する勢力が国会で多数を占《し》めて政府をつくるなら、アメリカにただ「終了します」と通告するだけでいいのです。

現在のところ、そんな動きが現実のものになるとは思われませんが、将来的にも変化はないのでしょうか。変化するとしたらどんな場合でしょうか。第三章は、その問題を扱《あつか》います。

第三章

日米安保条約の未来を占う

「存在するものは合理的である」

ドイツの有名な哲学者《てつがくしゃ》、ヘーゲル[86]の言葉です。その言葉の通り、目の前にある事象が存在しているのは、理に合っているからだということです。少し砕《くだ》いて言うと、何らかの理由がある、根拠《こんきょ》があるという意味です。

この言葉は同時に、二つの相反する意味で解釈《かいしゃく》されてきました。固定的に解釈した人は、存在が合理的だということは、その存在はこれからも続くものだとして、現状を肯定《こうてい》する立場をとりました。他方、どんなものでも合理性を失えば存在が揺《ゆ》らいでくると考えた人は、現状も変わりうるものだという立場をとりました。

日米安保条約が戦後ずっと存在してきたのも、本書で示してきたように、そこに合理的な根拠があるという一面があります。その合理性とは、第二次大戦後の軍事同盟は、それ以前の同盟と異なり、一つには価値観・イデオロギーの対立の激化と、もう一つは終戦直前に開発された核兵器《かくへいき》への依存《いぞん》という、大戦後に特有の安全保障環境《かんきょう》が生みだしたものだったということです。一方、その根拠に変化が生まれれば、存在そのものが問われる問題となる可能性があります。

そうはいっても、価値観での対立と核兵器依存という二つの問題は現在も継続《けいぞく》しており、それだけで判断すると、安保条約の存在はなお合理的のように見えます。しかし、この二つを深く掘《ほ》り下げてみると、第二次大戦後の八〇年近い歴史の中で特筆すべき変化がありました。どういう変化があったかを見てみましょう。

86、ドイツ観念論を代表する思想家（一七七〇～一八三一）。『大論理学』、『精神現象学』などの著書がある。

1、核兵器の違法性が国際社会で共有されはじめた

▽米ソ冷戦の間は核保有を合法化する体制が続いた

一九四五年八月に広島、長崎《ながさき》に投下された原爆《げんばく》が生みだした惨状《さんじょう》は世界を驚《おどろ》かせ、人々の間で核兵器《かくへいき》への疑念を生じさせます。それは翌四六年一月一〇日、原《げん》加盟国[87]五一か国が参加した国連総会の第一回会合で決められた決議が、「すべての核兵器および大量破壊《はかい》兵器の廃絶《はいぜつ》」を目標として掲《かか》げたことにもあらわれています。

しかし、米ソ冷戦が開始され激化する中で、その後の長い間、国際社会は米ソなど超大国《ちょうたいこく》による核独占《かくどくせん》体制と、米ソの核抑止《かくよくし》への依存《いぞん》体制を容認《ようにん》してきました。一九六三年に米英ソが調印した部分的核実験《かくじっけん》停止条約[88]と、続いて六八年に調印され七〇年に発効した核不拡散《かくふかくさん》条約（正式名称《めいしょう》：核兵器の不拡散に関する条約〈Treaty on the Non-Proliferation of Nuclear Weapons〉、略称《りゃくしょう》：ＮＰＴ）は、その代表格です。

核不拡散条約とは、その名前の通り、核兵器を保有する国を拡散しないための条約です。条約ができた時点で核兵器を保有していた五か国（米英仏ソ中）は、他国に核兵器を譲渡《じょうと》することを禁止されました。他方、非核保有国《ひかくほゆうこく》は核兵器の製造・取得を禁止されるとともに、それが守られていることを証明するために国際原子力機関（ＩＡ

87、結成時から加盟していた国のこと。

88、正式名称を「大気圏内、宇宙空間及び水中における核兵器実験を禁止する条約」という。その名の通り、地下での核実験を禁止していないので、こう呼ばれている。米英ソにより結ばれたが、この三国はすでに地下実験をしないでも核開発が可能な技術を取得しており、他の国の取得を妨げる目的があったとされる。

EA）による査察を受け入れることが義務づけられます。この結果、五か国のいずれかと軍事的に対立している国は、自国の安全のために五か国中の同盟国に頼《たよ》らざるを得なくなったのです（もちろん別の手段で安全を確保するという選択肢《せんたくし》もありました）。

現在の世界は、少なくとも建前の上では、どの主権国家も平等だという原則で成り立っています。核兵器という国の安全を左右するようなものを、特定の国にだけ保有を許して別の国には許さないというのは、この原則を踏《ふ》みにじる不平等条約です（ですから核保有をめざしたインド、パキスタン、イスラエル、北朝鮮は参加しませんでした）。このため、永続的な条約にすることは難しく、二五年の期限付きという変則的なものとなりました。それでも多くの国が条約に参加したのは、条約の中で核保有国は「誠実に核軍縮交渉《かくぐんしゅくこうしょう》を行う義務」を課されており（第六条）、その交渉の成果に期待したからです。

実際、米ソが一九八七年に締結した中距離核戦力全廃《ぜんぱい》条約[89]、九六年の包括的《ほうかつてき》核実験禁止条約[90]など、一定の成果はありました。けれども成果と言えるのはその程度であって、核兵器を廃絶することは核保有国の中では議論もされないまま、九五年にはNPT条約が無期限に延長されることになってしまいます。

しかし、それに対抗《たいこう》しようとする流れが、二一世紀を迎《むか》えるのを前後して、ようやく生まれてきます。NPTの外と内の両方からです。

89、射程の長い大陸間弾道ミサイルと射程が五〇〇キロまでの短距離ミサイルを除くものを全廃する条約。欧州などに配備したミサイルをなくすため米ソ間で結ばれたが、アメリカが二〇一九年に廃棄を通告し、失効した。

90、部分的核実験停止条約に対して、その名の通り包括的に実験を禁止した。全核保有国の批准が必要なため、まだ発効していない。

▽国際司法裁判所が核兵器使用の違法問題に踏み込んだ

国連総会は、国連憲章により「いかなる法律問題についても勧告的意見《かんこくてきいけん》を与《あた》えるように国際司法裁判所[91]に要請《ようせい》することができる」（第九六条一項）とされています。この規定にもとづき、国連総会は九四年一二月、国際司法裁判所に対して、「核兵器による威嚇《いかく》やその使用は、なんらかの状況《じょうきょう》において国際法の下《もと》に許されることがあるか」という諮問《しもん》をしました。

これに対して国際司法裁判所は一九九六年七月、核兵器の威嚇または使用の法的な是非《ぜひ》に関して、勧告的意見を下しました。核兵器が開発されてすでに五〇年以上が経《た》っていましたが、裁判所が判断を示したのは史上初のことでした。

国際司法裁判所は、現在のところ核兵器の使用を認める国際法は存在せず、同時に核兵器の使用を禁止する国際法も存在しないとします。また、国連憲章の武力不行使原則（第二条四項）、自衛権の原則（第五一条）を満たさない核兵器の使用は違法であり、核兵器の使用は国際人道法の原則に合致《がっち》しなければならないとします。その上で、最終的に次のような判断を下したのです。

核兵器の威嚇または使用は武力紛争《ふんそう》に適用される国際法の規則、特に国際人道法上の原則・規則に一般的《いっぱんてき》には違反《いはん》するであろう。しかし、国際法の現状や裁判所が

91、国際連合の主要な機関の一つ。国家間の法律的な紛争について裁判を行う。安保理や総会の要請に応じて勧告的意見を与えることもできる。本部はオランダのハーグにある。

確認《かくにん》した事実に照らすと、国家の存亡そのものが危険にさらされるような、自衛の極端《きょくたん》な状況《じょうきょう》（extreme circumstance of self-defence）における、核兵器の威嚇または使用が合法であるか違法《いほう》であるかについて裁判所は最終的な結論を下すことができない。

核兵器の使用は一般的には国際法に違反するというのです。ということは、いざという時には核兵器を使用するというアメリカの政策も、そのアメリカの核使用に頼るという日本の政策も、前提から崩《くず》れてしまいます。

一方、そのあとの文言は、例外的な規定です。「国家の存亡そのものが危険にさらされるような、自衛の極端な状況」では、別の判断があり得ることを示唆《しさ》していますす。「自衛の極端な状況」ですから、通常の自衛の場合とは異なります。ただ侵略されたという程度では核兵器は使えないということです。また、「集団的自衛」（collective self-defence）という言葉を使っていないわけですから、核保有国が自国の国家の存亡がかかる時に使用する場合は別の判断があり得るかもしれないが、他国を助ける集団的自衛権発動の場合は含《ふく》まないと言っているようなものです。しかも、このような「自衛の極端な状況」であっても、それが違法か合法かに「最終的な結論を下すことができない」ということですから、必ず合法というものではないし、違法と判断される場合も排除《はいじょ》されていません。

つまりアメリカは、日本を助けるために核兵器を使用する場合、のちに「違法国家」の烙印《らくいん》を押される覚悟《かくご》をしなければならないということです。そこまでの覚悟がアメリカにあるのでしょうか。あるいはそこまでアメリカに求めるなら、日本が背負うべきものも格段に大きくなるでしょうが、日本にはその覚悟があるのでしょうか。

▽NPT体制の内部でも核廃絶への主張が強まった

一九九八年のことですが、「新アジェンダ連合」という聞き慣れない名称《めいしょう》の国家連合が、一つの宣言を発しました。「核兵器のない世界へ――新たな課題（新アジェンダ）の必要性」というタイトルです。そこでは、四六年の国連総会決議第一号が核兵器の廃絶を目標にしていたことを想起しつつ、五つの核保有国とその能力がある三か国[92]（インド、パキスタン、イスラエル）に対して、「それぞれの核兵器および核兵器製造能力の廃絶を明確に誓約《せいやく》し、その実現に必要な具体的な段階と交渉についてただちに取りかかる」よう求めていました。新アジェンダ連合に加わったのは、スウェーデン、アイルランド、ブラジル、メキシコ、ニュージーランド、エジプト、南アフリカの七か国です。

新アジェンダ連合は、同じ内容の決議を毎年の国連総会に提出し、毎年多数の賛同を得て可決されています。さらに新アジェンダ連合は、NPTの内部にもこの立場を

92、この時点では、北朝鮮の核保有は確認されていなかった。

採用させようとします。実は、一九九五年にＮＰＴ条約の無期限延長が決まった際、不平等条約への各国の不満をなだめるため、五年毎に条約の再検討会議を開き、条約が五か国に求めている核軍縮の状況を審議することになっていました。その最初の会議が二〇〇〇年に開かれたのです。

それまで、核兵器問題をめぐる国際社会の構図は、核兵器保有国が核に固執《こしつ》し、その同盟国がそれに賛同する一方、世界で多数を占《し》める開発途《と》上国《じょうこく》が非同盟諸国会議[93]に結集し、安全保障のあり方としては中立をめざすとともに、核兵器の廃絶《はいぜつ》を求めるというものでした。そこにミドルパワー[94]として知られる新アジェンダ連合が加わることにより、核廃絶の主張が西側の国々やアメリカとの同盟条約を結んでいる国〈ブラジル、メキシコ〈ただしメキシコはアメリカのイラク戦争に反対して二〇〇四年に全米相互援助条約から脱退〉〉にも広がることになったのです。

ＮＰＴ再検討会議の議論の結果、コンセンサスで採択《さいたく》された最終文書は、核兵器保有国による「核兵器廃絶の明確な約束」をうたうものとなりました。ＮＰＴ条約で核保有国の義務となっている「核軍縮」とは核兵器の廃絶であることが合意され、核保有国はその目標の実施《じっし》に「明確な約束」をすることになったのでした。

二〇一〇年の再検討会議も、一つの大きな成果を生み出しました。最終文書で、核廃絶のための「必要な枠組《わくぐ》みを創設する」とともに、「締約《ていやく》国の大半が明確な期限を設けるべきだと考えている」とされたのです。それまで核保有国は核廃絶を約束せざ

93、軍事同盟に加わらず中立をめざす国々の協議体。一九六一年に発足し、現在も約一二〇か国が参加する。

94、中堅国家と訳されることも多い。超大国や大国ではないが、ある程度の国際的な影響力を持つ国のことを指す。

るを得なくなっても、それは究極的な将来の課題であって、当面は核抑止力の見地から核兵器を維持するという立場でした。しかしここに至って、核兵器の廃絶は将来の究極的目標というのではなく、「期限」を区切って行われるべきものだということになりました。

この約束を核保有国が守り、実施すれば問題はなかったのです。しかし核保有国は結束して反撃《はんげき》に出て、その後の再検討会議では、何のコンセンサスも得られないという状況が続きます。しかし、もはやそういう核保有国の横暴を世界が許すという時代ではありませんでした。

▽核兵器禁止条約がつくられ、発効した

一九九六年の国際司法裁判所の勧告的意見は、すでに紹介した結論を導き出すに際して、核兵器の使用を許す国際法も存在しておらず、同時に使用を認めない国際法も存在していないことを前提としていました。そこから二五年経った現在、その前提が崩《くず》れました。二〇一七年に核兵器禁止条約が採択され、二〇二一年一月に発効したのです。

この条約は、実際に存在する核兵器をただちになくすだけの強制力を持ったものではありません。世界の大半の国が核廃絶を求めているのに、核保有国がそれを拒否《きょひ》し

ている現状に対して、それならばまず核兵器を違法なものだと位置づけようというのが、核兵器禁止条約のめざすところでした。その後に実際の廃絶のプロセスに入ろうというものです。

ＮＰＴ条約にはいろいろな問題点がありますが、何よりも重大なのは、五か国の核《かく》保有《ほゆう》を認めていることです。条約で認めているのですから、核保有は国際法に合致《がっち》する行為《こうい》だということになってしまいます。核兵器禁止条約はそれを転換することをめざしたのです。

もちろん核兵器禁止条約があっても、核保有国が簡単に核兵器を手放すことはないでしょう。「だからこの条約は無意味だ」という人もいます。しかし、この条約があることによって、世界の人々は五か国に対して、「あなたたちは違法な兵器を持っているのだ」と主張し、実現を迫《せま》ることができるようになったのです。

このようなやり方で世界が変わった実例もあります。例えば現在、植民地を持つことは違法だとされています。でも、最初にそのことを指摘《してき》する国連総会決議（「植民地独立付与《ふよ》宣言」95）が一九六〇年に採択《さいたく》されたとき、まだ多くの植民地が残っていました。だから、この決議に反対した国はありませんでしたが、アメリカ、イギリス、フランス、ベルギー、ポルトガル、スペイン、南アフリカなど主要な植民地保有国は棄《き》権《けん》をしたのです。ですから、その時点ではまだ、植民地支配は違法だという国際社会の認識《にんしき》は確立していませんでした。しかし、この国連総会決議を力にして、植民地の

95、一九六〇年一二月に採択。八九か国の賛成で採択（棄権九か国、反対ゼロ）。「全ての人々には自決権があり、その権利によって、自由に自らの政治的な地位を決め、自由に自らの経済的・社会的・文化的な開発を遂行することを得る」（第二項）などが宣言された。

人々が独立をめざして闘《たたか》い、実際に独立を獲得《かくとく》してきたことによって、いまや植民地の保有は違法だという認識が世界規模で確立するに至ったのです。核兵器禁止条約も同じようなプロセスを辿《たど》ることになるでしょう。

日本と同じくアメリカと軍事同盟を結んでいても、NATOの本部が置かれているベルギーの政府は二〇年一〇月、NATO加盟国の義務を果たすとしつつも、核兵器禁止条約を肯定《こうてい》する政策を発表しました。ところが唯一《ゆいいつ》の戦争被爆《ひばく》国である日本は、アメリカの核抑止に全面的に頼る立場から、核兵器禁止条約には見向きもしません。核兵器に頼るような日米同盟をいつまで続けるのか。日米同盟を続けるにしても核兵器への依存はこれまでと同じでいいのか。いま、そのことが問われるようになっているのです。

2、米中対立は米ソ冷戦とは性格が大きく異なる

現在、アメリカと中国の対立が、人権問題から経済、軍事の分野にまで及《およ》び、「米中新冷戦」という言葉も使われています。米ソの冷戦も、人権を含《ふく》む政治、経済、軍事までの広範《こうはん》な対立がありましたから、資本主義・自由主義の盟主であるアメリカと、共産主義をかかげる中国との間での争いを「新冷戦」と呼ぶことについて、納得《なっとく》する人もいるでしょう。

しかし、米ソ冷戦と米中新冷戦は、同列に論じられない問題もあります。いくつか見てみましょう。

▽アメリカは社会主義を共存相手とはみなさなかった

冷戦についてほ、本書でもかなり言及《げんきゅう》してきました。それが日米安保条約をはじめ第二次大戦後の同盟を生みだした原因ですから、当然のことです。アメリカが自由主義の価値観を前面に押し出し、同盟国に大量の軍隊を配備したのは、社会主義の影《えい》響《きょう》が資本主義・自由主義の陣営《じんえい》にまで広がるのを恐れたからです。

当時のソ連をはじめとする社会主義国は、人権問題や共産党の一党独裁の政治体制など、誰《だれ》が見ても否定的な要素の強い体制でした。しかし同時に、安定した社会保障

制度が存在したり、女性の社会進出が進んで男女平等を誇《ほこ》っていたりもしました（産休や育休も保障されていましたが、北欧《ほくおう》などと異なり主に女性だけに与《あた》えられるものだったので、実際には男女の格差を固定した面もありました）。

そのため、ソ連・東欧《とうおう》が崩壊《ほうかい》した現在では想像もできないでしょうが、資本主義で暮らす人々にとって社会主義とはそれなりに魅力《みりょく》を感じる体制でもあったのです。しかも、ギリシャ内戦が示したように、当時の資本主義国の中には第二次大戦中の反戦運動を通じて国民の中で影響力《えいきょうりょく》を獲得《かくとく》した共産党が存在し、ソ連とは異なって自由に満ちた社会主義をつくるのだと宣伝していました。資本主義国が社会主義国に変わっていくことにリアリティがあったのです。

そのリアリティは、世界で圧倒的《あっとうてき》多数を占める開発途上国《とじょうこく》においては、より切迫《せっぱく》していると思われました。これら諸国の多くは、第二次大戦までの長い間、植民地として欧米《おうべい》の宗主国《そうしゅ》に支配されてきました。植民地の独立を助ける側に立っていたソ連など社会主義に対してシンパシーを感じていましたし、ほとんどはまだ独裁国家から抜《ぬ》け出していなかったため、アメリカがソ連の独裁的な政治体制を批判しても、それに同調することはなかったのです。

とりわけアメリカを焦らせたのは、ギリシャ内戦に続いて、ベトナムでも共産主義の影響が広がったことです。ベトナムでは、第二次大戦中にフランスを追いだして日本軍が進駐《しんちゅう》しましたが、日本が敗戦すると共産党の主導でベトナム民主共和国の建国が宣言されます。それに対してフランスが再び戻《もど》ってきて南部を拠点《きょてん》として植民地支配を続けようとしますが、ベトナム側からの攻勢《こうせい》に後退を余儀《よぎ》なくされ、五四年には休戦協定が結ばれます。第二章でも述べたように、アメリカでは「ドミノ理論」が唱えられましたが、これはベトナムで社会主義が勝利すればインドシナ全域が社会主義化し、やがて東南アジア全体が社会主義の支配に陥《おちい》るというものでした。当時のアメリカにとって、社会主義はそういうものであり、だからベトナムでもフランスに替《か》わって戦争に乗り出すことになったのです。ベトナム民主共和国をソ連や中国が支援《しえん》したことは言うまでもありません。

つまり、アメリカにとって社会主義は共存できる相手ではなかった。だから、社会主義国とは国際政治の場でも対決し、多少の貿易はしても資本の投下はしないなど、いつ相手が崩壊しても困らない関係に止めました。そのため軍事面でも相手が崩壊しても構わない核抑止という戦略をとることになったのです。

▽中国流の社会主義が世界に影響を及ぼすことはない

現在の中国はどうでしょうか。当時のソ連と同じでしょうか。

誰《だれ》もが指摘《してき》することですが、資本主義国が結んでいる経済関係の量も質も、ソ連とは格段に違《ちが》います。お互《たが》いがお互いを必要とする共存関係になっています。

経済関係が深ければ戦争にはならないというほど、国際関係は単純ではありません。実際、中国は日本の尖閣諸島《せんかくしょとう》周辺に海警局《かいけいきょく》の船を頻繁《ひんぱん》に進入させるなど、現状を実力で変更《へんこう》する行動をとっています。南シナ海では、東南アジア諸国が自国の領土だと主張する島々を武力で占拠《せんきょ》し、国際仲裁《ちゅうさい》裁判所が中国の主張に合法性がないと裁定し[96]ても無視していますし、この過程で島を守護するベトナム兵数十名を殺害したこともありました。[97]台湾《たいわん》を統一するために必要なら武力を行使する意図を堂々と表明しています。

こうした中国の覇権《はけん》主義的行動にどう対抗《たいこう》し、どのようにして止めさせるのかは、国際社会の重要な課題です。アメリカが中国との対決姿勢を強め、「新冷戦」という表現が使われるのは、ソ連を崩壊《ほうかい》させた冷戦の記憶《きおく》が心地《ここち》よいものだからでしょう。

しかし、中国が昔のソ連と決定的に異なるのは、中国に同調して中国流《りゅう》の社会主義をめざそうという勢力が、どの国にも存在していないことです。冷戦時代にアメリカが不安を感じたように、どこかの国が中国のような体制の国家となったら、まわりの国にもそれが広がっていくというドミノ理論は、いまではまったく通じません。それどころか、中国が覇権主義的な行動をとればとるほど、それへの反発が国際的に広がるのが現状です。

だからアメリカも日本も、中国の行動を放置すれば世界が共産化するというような心配をする必要はないのです。そうではなく、武力で現状を変更することを防ぐにふ

96、中国が領有権を主張する南シナ海の地域について、フィリピンが二〇一四年、国連海洋法条約への違反の確認を常設仲裁裁判所に申し立てた。裁判所は二年後、中国の主張について、「国際法上の根拠がなく、国際法に違反する」との判断を下した。

97、一九八八年三月一四日、ベトナム海軍の工兵約一〇〇名が中国フリゲート艦の攻撃を受けた。

さわしい戦略は何かを考えなければなりません。それは少なくとも、冷戦時代の戦略、もしかしたらお互いの絶滅につながることになる核抑止の戦略ではないでしょう。

▽アメリカも国益重視に立ち返りつつある

中国がかつてのソ連とは異なるということは、アメリカも承知しているでしょう。アメリカや日本、ヨーロッパがいつの日か中国流の社会主義に影響されるなど、少しも思っていません。

だからこそ、自国兵士の犠牲《ぎせい》をいとわずに軍事介入《かいにゅう》するのかどうかという点で、アメリカのモチベーションもかつてとは異なっています。トランプ前大統領の時代、「アメリカ・ファースト」を掲《かか》げ、同盟国に常識外れの負担を求めたのも、その流れの中でのできごとです。バイデン政権になって変化があらわれている面もありますが、9・11同時多発テロから二〇年経《た》って泥沼《どろぬま》化する一方のアフガニスタンから撤退《てったい》を決断したのは、アフガニスタンでタリバン政権が復活し、アメリカの権威《けんい》が傷つくことになっても、それよりは自国の兵士を大事にするべきだと判断したからです。

それは日米安保条約の運用と無縁《むえん》ではありません。かつてなら日本のどこかがソ連に占拠《せんきょ》されるようなことがあれば、アメリカが主導する資本主義・自由主義の危機となるので、アメリカも必死で反撃《はんげき》すると考えられていました。しかし、米軍の機関紙である星条旗紙（スターズ・アンド・ストライプス）で、安倍首相（当時）の訪米に当たって「無人の岩をめぐる中国との争いに俺たちを巻き込《ま》まないでくれ」（二〇一三年二月三日）という記事が出たように、いくら日本政府がアメリカに頼んで「尖閣は日米安保条約第五条の対象だ」と約束させても、実際に米軍が命を賭してまで軍事行動に踏み切ると考える人は少数です。現在の国際関係からは当然の判断でしょう。日本政府もそれが分かっているからこそ不安を感じ、くり返し何回も約束させようとするわけです。中距離核《ちゅうきょりかく》全廃条約をアメリカが解消したのも、日本やグアムを標的《ひょうてき》にする中国の中距離核に対抗するのに、アメリカ本土から大陸間弾道弾ミサイル（ＩＣＢＭ）を発射すれば、報復で本土が狙《ねら》われてしまうので、アジアに中距離核を配備することで核の戦場になるのはアジアに限定しようという判断からに他《ほか》なりません。

こうして現在、同盟条約を結んでいるとしても、かつての冷戦時代とは異なり、より国益を重視しようという動きが強まっています。それならば、日本もまた、日本の国益とは何かを冷静に考え、日米同盟の強化だけが大事だという考え方とは決別すべきでしょう。

アメリカのインド太平洋軍の司令官は二〇二一年三月、米議会において、中国が六年以内に台湾《たいわん》を統一するための軍事行動に出る可能性が高いと証言しました。またその際、台湾に近い米軍基地が中国に攻撃されて使えなくなるため、本土から大規模な来援《らいえん》部隊が必要になるが、それまでの三週間は自衛隊に中国軍と戦ってもらいたいと述べました。日本が三週間もの期間、中国軍に負けずに戦えたとしても、アメリカにとって時間稼《かせ》ぎになるでしょうが、日本全土を焦土《しょうど》にしてしまう結果になってしまいます。アメリカが国益を大事にするように、日本もまた国益とは何かを考え、行動すべきです。

▽中国に対して武力統一方針の撤回を断固として迫る

具体的に日本は何をすべきか。中国とアメリカに対して、現在の戦略を変更せよと迫るべきです。

中国に対しては、台湾を武力で統一する方針を放棄《ほうき》するよう強く求めるべきです。中国は、武力を使うのは台湾が独立を宣言した時だけだとか、外部から軍事介入された場合に限るなどと説明します。中国がいずれの時期にか台湾を統一したい気持は分かりますが、武力で統一するという方針が残っている限り、台湾の人々の中国への嫌《けん》悪感《おかん》が高まり、ただでさえ独立志向が高まる台湾でさらに独立の動きが強まるだけでしょう。台湾を平和的に統一できるとすれば、台湾の人々が中国と一緒《いっしょ》になってもいいと思える気持になる時だけであり、そのために不可欠なことが武力統一の方針の撤《てっ》回《かい》なのです。

もう一つ、台湾統一の上で不可欠なのは、中国の民主化が進むことです。台湾の人々も、もし中国で民主化が進み、台湾が獲得した自由と民主主義が守られることが確実に保障されるなら、何十年後かになったとしても、統一に背を向けることはないはずです。ところが中国は、一国二制度[98]が保障されたはずの香港に対しても、かつての約束を撤回して民主化運動を弾圧しています。そういう現実を前にして、いくら中国が一国二制度を口にしても信頼《しんらい》されるはずがありません。中国は自国の民主化という問題に向き合うべきです。

中国がもし、自国の民主化を進めないまま台湾を武力で統一するようなことがあるなら、台湾の人々の中国への憎悪《ぞうお》は半端《はんぱ》なものではなくなるでしょう。一度民主主義を経験した人々は、どんなに暴力的な支配を受けることになっても、やがてそれを跳《は》ね返して体制転換《てんかん》を成《な》し遂《と》げることは、民主主義の先進地域であった東ドイツの人々が、長年の闘いでベルリンの壁《かべ》を打ち壊したことでも明らかです。しかもそれは社会主義ソ連の崩壊《ほうかい》にさえ結びつきました。日本政府はもちろん、日本の平和運動も日本の国民も、中国による台湾の武力統一が、時間がかかってもやがて中国共産党支配の終わりにつながることを、中国指導部に伝えていくべきでしょう。

▽尖閣ではアメリカ、台湾では日本が仲介者となる戦略

中国が台湾への武力介入に踏み切り、それにアメリカが武力で対抗する場合、その

98、中国共産党が一九八〇年代に打ち出した立場で、台湾が平和的な統一に応じれば、台湾の現状を尊重し、高度な自治権と独自の軍隊の保有を認め、経済社会制度は変えないというもの。しかし、二〇一九年一月二日に習近平が行った演説では、台湾独自の軍隊の保有への言及がない。一国二制度の先輩格である香港の自治権も危機に瀕している。

戦争がもたらす惨劇《さんげき》は尋常《じんじょう》なものではないでしょう。中国にとっては、日本がかつて植民地として支配した島であるだけに、どんなに打撃《だげき》を受けてもあきらめるわけにはいきません。アメリカにとっても、冷戦思考そのままであれば、自由と民主主義が敗北するケースなので、一度介入《かいにゅう》したらどこかで引くわけにはいきません。

アメリカは現在、この米中対決に日本を引きずり込むだけでなく、イギリスやフランスにも軍艦《ぐんかん》の派遣を求めています。ドイツにも軍艦を派遣する動きがあります。しかし、日本だけでなくイギリスもフランスもドイツも、かつて中国の領土を踏みにじった国[99]であり、そんな国々が再び武力で中国に対峙《たいじ》することは、かえって中国の人々の報復感情を強め、勝つまでは死にものぐるいでやってくる結果になるでしょう。

アメリカは大国でありながら中国に領土的野心を持たなかった唯一《ゆいいつ》の国です。第二次大戦では中国と肩《かた》を並べて戦った国です。もし武力を使って中国をたしなめる場合があるとしても、それをやれる資格があるのはアメリカだけです。

同時に、いまや冷戦時代ではないのですから、そういう時代に大事なことは、たとえ一時的に武力紛争《ふんそう》に至ったとしても、この対決がエスカレートして核の使用に至るという抑止力《よくしりょく》の時代の想定が現実とならないよう、アメリカも武力行使の目標は必要最小限度にとどめ、どこかのタイミングで戦争を終わらせることです。

そのために必要なのは、信頼《しんらい》できる仲介者《ちゅうかいしゃ》です。日本は、この紛争がエスカレートしないよう、アメリカと中国の間で仲介者となるべきです。

99、イギリスは一八四八年、アヘン戦争に勝って香港を自国の領土とし、九八年には条約を結んで新海などを九九年期限の租借地とした。フランスは一八九九年に締結した条約で現在は広東省にある広州湾を、ドイツは九八年の条約で膠州湾を、それぞれ九九年期限の租借地とした。九九とは中国語の久久（日本語の「永久」）と同音で、事実上の割譲とみなされた。

そのためにも日本は、尖閣について言えば、アメリカに頼るのではなく、日本自身が防衛することを明確にすべきです。自衛隊と中国軍の実力からして、尖閣をめぐる武力紛争が起きれば、奪《うば》われたり奪い返したりの消耗戦《しょうもうせん》になることが予想されます。この場合も、誰かに仲介者となってもらうのでなければ、尖閣をめぐる戦いがやがては本土と国民の命をかけた戦いになってしまいます。休戦調停を誰かに頼る場合、仲介者としてふさわしいのはアメリカしかありません。だからこそ、尖閣防衛の軍事作戦にアメリカを引きずり込むことは愚策《ぐさく》です。

台湾では日本が米中の、尖閣ではアメリカが日中の仲介者になる。冷戦が終了し、抑止力の再考が求められる時代に、真剣に考えるべきことでしょう。台湾をめぐる紛争では在日米軍基地からの出動が予想されるのに、本当に日本が仲介者となれるのか、仲介者となるには米軍基地と安保は現在のままでいいのか、この問題こそ日本側からはじめて事前協議を要請してノーを言うべきかも含め、国民の間での議論が不可欠となってきます。

▽中国を上回る経済力を資本主義国は取り戻せるのか

中国が世界的に影響力を強める背景には、経済力の面で圧倒的な優位を誇っていることがあります。通信規格5Gでの攻勢、新型コロナワクチンの開発途上国への大規模提供、アフリカやアジアの国々でのインフラ建設支援などにより、少なくない国々にとって、中国は生きていく上でなくてはならない同胞国家のような役割を果たしています。

かつての冷戦でアメリカ側が勝利したのは、自由や民主主義を強調してソ連に対する人々のあこがれを打ち砕《くだ》いたこと、ソ連を核軍拡《かくぐんかく》競争に引きずり込んで経済的に疲《ひ》弊《へい》させたことも理由ですが、もう一つ大事なことがあります。それは、ソ連側が優位を強調する根拠《こんきょ》となってきた計画経済の要素を資本主義の経済運営にも取り入れたこと、社会保障制度も負けないように充実《じゅうじつ》させたこと、開発途上国《とじょうこく》への支援も大幅に行ったことなどです。現在、中国が優位を誇る部分を、資本主義の側が担ってきたのです。

ところが、ソ連が崩壊《ほうかい》したあとの資本主義陣営《じんえい》は、その優位を次第《しだい》に失っていきます。新自由主義[100]の政策がどの国でも幅《はば》を利《き》かせ、富めるものはどんどん富を増やしましたが、大多数の人々は不安定雇用や低い賃金を余儀《よぎ》なくされ、格差が止めどもなく広がっていきます。資金と時間のかかる生産技術の革新への関心は薄《うす》れ、リストラや吸収合併《がっぺい》で目先の利益を獲得《かくとく》することだけにしか関心のない企業も少なくありません。どの国も自国ファーストに陥《おちい》り、開発途上国への支援は年を追うごとに減らされてきました。新型コロナワクチンも自国優先で、開発途上国は取り残されました。

中国の経済的優勢に対して、アメリカなどは、知的財産権の侵害《しんがい》などをあげつらう

100、資本主義は社会主義に対抗するためにも、社会保障の充実などの支出を拡大したり、労働時間規制など企業活動に制約を加えてきたが、一九八〇年代以降、規制緩和、福祉削減などを旗印にした。その政策全般を指す言葉。社会主義の崩壊を前後してさらに加速した。

とともに、中国の市場や生産・供給に頼《たよ》らない仕組み作りなどを進めています。それはそれで大事なことですが、中国への依存《いぞん》を低めることでかえって失う部分もあります。中国のような政治、経済制度より自分たちのほうが優《すぐ》れていることを実際に示すのでない限り、どんな対策も限界があります。資本主義の優位を示したいならば、国民の福祉《ふくし》と暮らしを充実《じゅうじつ》させること、開発途上国への援助を増大させること、気候変動などで抜本的《ばっぽんてき》対策を示すことなどが求められます。

いずれにせよ、ソ連との冷戦を勝ち抜いた抑止力の論理をそのまま中国に適用しても、現実から離《はな》れるばかりです。新しい戦略へのアプローチが不可欠です。そのカギは、中国を上回る経済社会のあり方を資本主義国が取り戻せるのかにあります。日米同盟をどう強化しても、そこで優れていると人々に思わせない限り、中国の影響力が弱まることはないでしょう。

3、集団的自衛権の変容

最後に、軍事同盟を法的に正当化する根拠《こんきょ》となってきた集団的自衛権にも、きわめて大きな変容があらわれていることを指摘《してき》しておきます。軍事同盟だけが頼《たよ》りだという思考に陥《おちい》っていては、この変容に付いていけません。

▽国連が全加盟国に求めた集団的自衛権の行使

第一章で国連憲章の基本的な精神について述べました。侵略《しんりゃく》するような国が出現したら、まず平和的な話し合いで解決するように努め、それでも侵略が止《や》まない場合、国連安保理がその国を侵略国と認定《にんてい》し経済制裁を行うとともに、最後は軍事制裁で侵略を排除《はいじょ》するという精神です。この精神は侵略する国と国連が対峙《たいじ》するという構造を持っています。

他方、国連憲章制定過程の最後で盛《も》り込まれた第五一条というのは、それまでも存在してきた各国の自衛権を明記するとともに、それにとどまらず集団的自衛権を規定しました。これは、侵略があっても国連が機能しないことがあるだろうから、友好国が寄り集まり同盟を組んで集団で防衛しようというものです。

しかし、五一条をもう一度よく見てほしいのですが、特定の国が集まって同盟を組むというような文言はありません。国連加盟国による集団的自衛権の発動を妨《さまた》げないというだけの規定なのです。

この憲章のいかなる規定も、国際連合加盟国に対して武力攻撃《こうげき》が発生した場合には、安全保障理事会が国際の平和及《およ》び安全の維持《いじ》に必要な措置《そち》をとるまでの間、個別的又《また》は集団的自衛の固有の権利を害するものではない。

日本政府は、日米安保条約の根拠《こんきょ》を、国連憲章の五一条に置いています。それは、他国を助けるために犠牲《ぎせい》を顧《かえり》みず武力を行使してくれるのは、特別に友好的な関係にある国だからできることだ、という解釈《かいしゃく》にもとづいています。歴史的には、そういう解釈には根拠がありました。

けれども一九九〇年、その解釈を揺《ゆ》るがすようなできごとが起こりました。九〇年夏から九一年春まで戦われた湾岸《わんがん》戦争です。

九〇年八月二日、イラクのフセイン政権が隣国《りんこく》のクウェートを侵略し、八日には併合《へいごう》を宣言しました。その過程で国連安保理は、イラクによって「国際の平和と安全に対する破壊《はかい》」が生まれていると認定《にんてい》するとともに（二日）、国連加盟国に対して、憲章第五一条にもとづき「個別的又《また》は集団的自衛の固有の権利」を行使すべきことを呼びかけました（六日）。

最終的に国連安保理は、イラクの侵略を排除するための武力の行使を行うこと、その権限を加盟国に授与《じゅよ》することを決定しました。その後、アメリカを中心とする多国《たこく》籍軍《せき》[101]が編成され、イラク軍はクウェートから追い出され、自国領土内に押し戻《もど》されることになりました。

▽集団的自衛権を同盟の根拠とだけみなす時代後れ

この経過の何が集団的自衛権の解釈を揺るがすようなことなのでしょうか。それは国連安保理が、侵略されたクウェートを助ける権利は、クウェートの同盟国だけにあるとしたのではなく、すべての国連加盟国にあるとしたことです。集団的自衛権を特定の友好国による同盟の権利だというような解釈をしなかったことです。

このような決議が可能になったのは、その前年、アメリカのレーガン大統領とソ連のゴルバチョフ書記長が会談し、冷戦の終焉《しゅうえん》を宣言したからです。それまで両国は国連安保理でたびたび対決し、国連は機能不全に陥《おちい》っていましたが、それが解消され、協力し合って世界の平和と安全を確保しようという機運が満ちていたのです。

実際、目の前に侵略されている国があり、国民が惨状《さんじょう》にあっているとして、同盟条約を結んでいないから知らんぷりすることは適切でしょうか。冷戦というファクターを外してみれば、そんなことはできないとアメリカは判断し（冷戦後の世界でリーダー

101、多様な意味に使われるが、この場合、正式の国連軍ではないが、国連安保理決議にもとづき、各国がそれぞれの責任において編成し、派遣した軍隊のことを指す。

シップをとるという思惑《おもわく》も強かったでしょう）、同盟条約を結んでいないクウェートを助けるため何十万という兵力を湾岸地域にまで派遣《はけん》したのです。

これは、自国の安全を軍事同盟だけに頼《たよ》る思考をしている人々に深刻な問題を提起します。常時、大量の米軍を受け入れ、基地の被害《ひがい》をガマンしていることは、本当に意味があるのだろうかという問題です。同盟条約を結ばずともいざという時に助けてもらえるなら、国連の機能に頼ることも一つの選択肢《せんたくし》ではないかという問題です。日本に即《そく》して考えても、もし日本が同様の侵略を被《こうむ》ったとして、日米安保条約がないとしたら、アメリカはクウェートのように日本を助けるために援軍《えんぐん》を派遣することはしないのでしょうか。

二〇〇一年の９・11同時多発テロが起きた際も、国連安保理は加盟国が「個別的又《また》は集団的自衛の固有の権利」を持っていると表明しました。ＮＡＴＯは集団的自衛権にもとづく軍事同盟の代表格ですが、実際は結成されて以降、一度も集団的自衛権を行使しませんでしたが、この安保理決議が出ると、すぐさま集団的自衛権を発動することを決め、アメリカ軍を支援《しえん》することになります。

国連による集団的自衛権行使の督励《とくれい》とも呼ぶべき事態は、湾岸戦争だけにとどまらないということなのです。国連憲章第五一条を同盟の根拠とだけみなすのは、もはや時代後《じだいおく》れと言わなければなりません。

▽時代の変化にあわせて日米安保条約を見直す

実は日米安保条約も、少なくとも文面の上では、こうした方向をめざしているのです。第二章でも解説しましたが、安保条約は両国の「国際連合憲章の目的及び原則に対する信念」を確認《かくにん》しており（前文）、国連憲章にもとづき国際紛争《ふんそう》の平和的解決と武力の不行使を約束するとともに（第一条）、「日本区域における国際の平和及び安全の維持のため十分な定めをする国際連合の措置が効力を生じた」と両国が確認したときには条約の効力はなくなるとまで規定しているのです（第十条）。

つまり、国連が機能を発揮するように努力することは、安保条約によって日米両国に課された義務だということもできます。それならば、日米安保条約を支持する人々も含め、その方向に向けて努力するのは当然のことでしょう。

もちろん、いままで挙げた事例は、二〇年、三〇年前の事例であって、中国の影響力《えいきょうりょく》が格段に増している現在、同じことがすぐに可能だと言うつもりはありません。台湾をめぐって米中が軍事的に争えば、どちらも安保理に属して拒否《きょひ》権を持っているので、国連は機能不全に陥るでしょう。

しかし、世界を二分するほどの影響力をもったソ連に対して、中国流の政治制度、イデオロギーを信奉《しんぽう》するのは中国ただ一国です。開発途上国に対する影響力も、アメリカや日本などが中国を上回る量、質で援助《えんじょ》をすることが可能なら、長く続くものではありません。すでに中国は日本を上回る規模で高齢化《こうれいか》が進み、生産力人口が減っていくことも確実となっており（すでに中国に替わるインドの台頭が予想されています）、いつまでも現在の影響力を維持することもできないでしょう。日本が高齢化社会の優《すぐ》れたモデルをつくることができるなら、日本のような政治、経済モデルのほうが優れているとして、中国が日本を頼《たよ》ってくる時代だって見えてきます。

それならば、中国の違法《いほう》な軍事行動を止めさせるに必要最小限度の軍事的措置は当然のこととしても、日米安保や抑止力《よくしりょく》に替わる選択肢も視野に入れておかねばなりません。国連憲章をはじめとする国際法を中国に遵守《じゅんしゅ》させることを目標に掲げ、そのためには日本もまた国連憲章の精神を大事にしている実例を中国に見せることを大切にすべきでしょう。

あとがき

中高生を含《ふく》む若い世代に向け日米安保条約を解説する本を書きたい――。かねてからそう思ってきました。「これなら推薦《すいせん》できる」という本がなかなか見当たらないからです。

日米安保条約は、一九六〇年に締結《ていけつ》された際、それを推進する人と反対する人の間で深刻な意見の違《ちが》いが生まれ、国民の間で対立と分断が広がりました。その後、次第《しだい》に安保条約を肯定《こうてい》する世論が定着したかに見えましたが、二〇一五年にこの条約にもとづく日米防衛協力をさらに進める新安保法制が国会に提出された際、安保条約を支持する人々の間にも躊躇《ちゅうちょ》する世論が生まれ、他の課題では見られないほどの反対運動が盛り上がって対立と分断が再現されることになります。

このような経過が何十年も続いてきたので、安保条約をめぐっては、賛成か反対かにこだわった議論が目立ちます。その影響もあり、刊行される図書も、賛否をはっきりさせた旗幟鮮明《きしせんめい》なものが好まれるようです。しかし、こうした立場に縛《しば》られてしまうと、お互《たが》いが相手を全否定することになりがちで、根拠《こんきょ》のある主張をも一緒《いっしょ》くたに否定することにつながる可能性があります。はじめて安保条約に関心を持って本を手にしようとする人にとっても、すでに賛成か反対かは決めていて動かしようがないと考えている人にとっても、もう少し冷静に論じるものがあったほうが良いのではないか。それが本書を執筆《しっぴつ》した動機です。

かくいう私も、長い間、安保条約に反対する側に身を置いてきました。しかし一〇年ほど前、防衛官僚《かんりょう》だった柳澤《やなぎさわ》協二氏と知り合い、その後、同氏を代表とする「自衛隊を活かす会」（正式名称は「自衛隊を活かす：21世紀の憲法と防衛を考える会」）の事務局長を任せられることになり、自衛隊の元幹部の方々とも交流するようになって、安保条約をめぐる問題をより深く考えるようになります。柳澤氏は、本書でも批判的に取り上げた一九九七年の「日米防衛協力の指針」をまとめる中心にいた方ですが、日本の防衛のために安保や自衛隊がどうあるべきかを真剣《しんけん》に探究しておられました。安保条約の問題で意見が異なっても、真摯《しんし》に日本防衛に向き合うという姿勢が同じなら、共通の言葉と共通の問題意識で議論できるというのが、この数年間に私が学びとったことです。

安保条約をめぐる私の基本的な立場に変化があるわけではありませんが、本書では、ただ結論めいたことを書くようなことはしていません。どんな立場にも根拠があるし、根拠がなくなれば立場が変化することもあるという見地で、いろいろな見方を取り上げています。日米安保を考える上では、そういう多様な見方が必要だというのが、私がようやく到達《とうたつ》した考え方です。本書が日米安保を真剣に考えてみたいと思っている方々に少しでも役に立つことがあれば、筆者としては望外の幸せです。

松竹伸幸（まつたけ・のぶゆき）

編集者・ジャーナリスト、日本平和学会会員（専門は日本外交・安全保障）、自衛隊を活かす会（代表・柳澤協二）事務局長。主著に『〈全条項分析〉日米地位協定の真実』『改憲的護憲論』（以上、集英社新書）、『対米従属の謎』『集団的自衛権の深層』『憲法九条の軍事戦略』（以上、平凡社新書）など。

13歳からの日米安保条約

戦争と同盟の世界史の中で考える

2021年10月1日　第1刷発行

著　者　ⓒ松竹伸幸
発行者　竹村正治
発行所　株式会社　かもがわ出版
〒602-8119　京都市上京区堀川通出水西入
TEL 075-432-2868 FAX 075-432-2869
振替　01010-5-12436
ホームページ　http://www.kamogawa.co.jp
印刷所　シナノ書籍印刷株式会社

ISBN978-4-7803-1187-7　C0031